EXETER TEXTES LITTÉRAIRES

09

Collection *Textes Littéraires* fondée par Keith Cameron. La nouvelle collection *Exeter Textes Littéraires* est dirigée par David Cowling, maître de conférences dans le Département de français, Université d'Exeter.

3

AUTOUR DE LA *LETTRE* *AUX DIRECTEURS DE LA RÉSISTANCE* DE JEAN PAULHAN

John Flower est actuellement professeur de langue et de littérature françaises à l'Université du Kent. En France il a enseigné aux universités de Paris X-Nanterre, Bordeaux III et Avignon. Spécialiste de François Mauriac il a publié en 2001 *François Mauriac et Jean Paulhan: Correspondance 1925–1967* (Éditions Claire Paulhan). Il s'intéresse aussi au problème de la littérature politique et a écrit plusieurs livres et divers articles sur des auteurs, surtout de gauche, tels que Vailland, Nizan et Courtade.

AUTOUR DE LA
LETTRE AUX DIRECTEURS DE LA RÉSISTANCE
DE JEAN PAULHAN

Présentation critique de
John Flower

UNIVERSITY
of
EXETER
PRESS

PRESSES UNIVERSITAIRES DE BORDEAUX

1005048838

First published in 2003 by
University of Exeter Press
Reed Hall, Streatham Drive
Exeter EX4 4QR
UK
www.ex.ac.uk/uep/

and

Presses Universitaires de Bordeaux
Domaine Universitaire, Université Michel de Montaigne–Bordeaux 3
33607 Pessac, CEDEX, FRANCE

British Library Cataloguing in Publication Data
A catalogue record for this book is available
from the British Library.

ISBN 0 85989 724 9 (University of Exeter Press)
ISSN 1475–5742 (University of Exeter Press)

ISBN 2 86781 308 5 (Presses Universitaires de Bordeaux)

Typeset in 10/12 pt Plantin Light
by XL Publishing Services, Tiverton

Printed in Great Britain by Antony Rowe Ltd, Chippenham

Table des Matières

. . . ce sont souvent les mêmes magistrats qui condamnaient hier les patriotes et poursuivent aujourd'hui les 'collaborateurs'.

Jean Galtier-Boissière, *Mon Journal depuis la libération.*

Avant-propos

L'influence et l'importance de Jean Paulhan dans le monde culturel et intellectuel de la France du XXᵉ siècle se passent de tout commentaire. Directeur de *La Nouvelle Revue française* et conseiller littéraire aux éditions Gallimard, il a bien mérité le titre de l'éminence grise de la littérature française et il y avait peu d'auteurs dont il n'a pas influencé directement ou indirectement la carrière. Si ses propres essais sur des sujets divers — la critique, la poésie, le langage ou l'art moderne par exemple — ne sont pas toujours d'accès facile, il est évident qu'ils ont été conçus et écrits avec une précision et un soin impressionnant. Sa correspondance volumineuse nous offre de nombreuses preuves de son érudition et surtout de son immense curiosité intellectuelle. Tout semble l'avoir intéressé. Paulhan était aussi très adroit dans ses relations personnelles et professionnelles. Il savait encourager, persuader, donner l'impression qu'il s'intéressait vivement à ce que son interlocuteur voulait lui dire ou lui expliquer, même s'il n'était pas d'accord, et il savait surtout provoquer. Il savait aussi mettre des gens en opposition les uns avec les autres et, s'il le fallait, être hypocrite. Mais bien qu'il semble qu'il ait toujours su maîtriser tout ce qui faisait partie des domaines intellectuels et culturels, ses quelques incursions assez rares dans celui de la politique révèlent un Paulhan qui risquait de perdre pied. Ceci ne veut pas dire que ce qu'il a dit ou écrit était sans signification. Au contraire. Paulhan était un des joueurs principaux à l'époque — celle de la Libération et de l'épuration — où la politique dominait tout, créant le contexte pour ce que Gisèle Sapiro a appelé 'la guerre des écrivains'. Et c'est dans ce sens-là que sa *Lettre aux directeurs de la résistance*, sa genèse et les réactions qu'elle a provoquées constituent un évènement important et remarquable qui, cinquante ans plus tard, mérite d'être rappelé.

Le manuscrit de la *Lettre* aussi bien que ceux des 'lettres ouvertes' aux membres du Comité National des Écrivains (C.N.E.) sont conservés dans le fonds Paulhan, à l'Institut Mémoire de l'édition contemporaine (IMEC). Je tiens à remercier l'équipe d'IMEC et en particulier les ayants-droit de Jean Paulhan de m'avoir donné les autorisations nécessaires et d'avoir facilité mes recherches. Merci également à Jean Ristrat qui m'a autorisé à consulter les archives du C.N.E. du Fonds CNRS. Je voudrais aussi exprimer ma reconnaissance à l'université du Kent qui m'a accordé un trimestre sabbatique en automne 2001, ainsi que la British Academy pour son aide financière.

Introduction
Un débat intellectuel 1944–52 — vengeance, compromis ou pardon?

'Un curieux personnage, un faux ingénu, un sac à malices et à ruses [. . .] qu'a-t-on fait de Paulhan pour qu'il devienne un nazi?' Ce fut avec ces mots qu'Elsa Triolet réagit dans un article intitulé 'Jean Paulhan, successeur de Drieu la Rochelle', à la une des *Lettres françaises* du 7 février 1952 à la publication du pamphlet de Jean Paulhan, *Lettre aux directeurs de la résistance*, sorti aux Éditions de Minuit une semaine plus tôt. L'article de Triolet, la réponse 'officielle' — sinon du Parti Communiste français du moins celle du Comité national des écrivains (C.N.E.) — était sévère et sans aucun doute le plus extrême de tous ceux qui parurent dans la presse à l'exception des journaux et des revues qui avaient continué après la Libération de prôner des idées de l'extrême droite et de défendre la politique de Vichy et de la collaboration.

La *Lettre* en elle-même, d'une cinquantaine de pages, n'avait peut-être pour certains que peu de poids. Pierre Béguin écrivit dans *La Gazette de Lausanne* du 15 février: 'ce pamphlet a fait scandale. Cependant [. . .] on ne voit guère ce qu'il y a de très nouveau dans cette indignation. Cette critique a été faite depuis longtemps. D'autres s'en étaient chargés.' Ce que dit Béguin est certes en grande partie vrai et il a dû penser en particulier aux articles de Camus dans *Combat* et de Mauriac dans *Le Figaro* et *Carrefour* des derniers mois de 1944. Il aurait pu évoquer aussi des écrits précédents de Paulhan lui-même, surtout ses cinq 'lettres ouvertes' aux membres du C.N.E. de 1947, regroupées et remaniées, et publiées dans *De la paille et du grain* un an plus tard sous le titre de 'Sept [*sic*] lettres aux écrivains blancs'.[1] Mais si la *Lettre* n'était au fond qu'un résumé, l'expression culminante des

---

1 Gallimard, Paris, 1948. Pour les détails concernant la pré-publication de tous les articles dans ce volume voir Jean-Yves Lacroix, *Bibliographie 1903–1995 des écrits de Jean Paulhan*, IMEC éditions, Paris, 1995, pp.30–32.

idées que nourrissait Paulhan depuis presque huit ans, la date de sa publication était plus que sensible. Pétain, qui avait été en détention dans la citadelle de l'Ile d'Yeu, était décédé en 1951; Charles Maurras devait mourir dans une clinique à Tours en 1952. La question d'amnistie dominait les débats à l'Assemblée nationale depuis plus de deux ans.[2] L'économie était toujours fragile et le climat politique instable. La quatrième République avait été déclarée en 1947, mais ni la droite (le Rassemblement du peuple français et le Rassemblement démocratique révolutionnaire), ni la gauche non-communiste réussissent à trouver une coalition qui pouvait garantir une évolution politique simple et directe. La guerre froide s'était déjà déclarée. . .

Il était inévitable et en large mesure compréhensible que la grande majorité des anciens résistants et surtout ceux de la résistance communiste se sentent trahis et même menacés par la parution de la *Lettre*. Il n'est pas donc surprenant que lorsqu'il explosa, ce 'pétard de taille', 'cette bombe atomique de la guerre des idées'[3] envoie ses éclats un peu partout. Si les origines de la *Lettre* se trouvent dans les disputes essentiellement littéraires que Paulhan avait eues à partir de l'automne 1944 avec le C.N.E. concernant les listes noires et les mesures à prendre contre des écrivains qui s'étaient compromis avec l'ennemi et étaient 'coupables' de collaboration, huit ans plus tard les répercussions étaient d'une plus grande envergure. Même s'il y avait eu chez Paulhan lui-même une évolution politique comme le suggère Triolet au cours de ces années, la *Lettre* et surtout les réactions qu'elle a provoquées illustrent et résument un débat dans toutes ses dimensions — culturelles, politiques et morales — qui a profondément marqué et continuerait à marquer la psyche de plusieurs générations de Français.

Le droit à l'erreur

Les origines du C.N.E. se trouvent, comme on le sait, dès décembre 1941 dans les réunions chez Jean Blanzat, de Jean Guéhenno, Paulhan et Jacques Debû-Bridel — 'une sorte de cellule du C.N.E. et une de ses premières cellules'[4] — auxquelles François Mauriac par l'inter-

---

2 Voir Herbert Lottmman, *L'Épuration, 1943–1953*, Fayard, Paris, 1986, pp.468–474 et Anne Simonin, *Les Éditions de Minuit, 1942–1955, Le devoir d'insoumission*, IMEC éditions, Paris, 1994, p.400.

3 *La Gazette de Lausanne*, 1er février 1952; *Bulletin mensuel de la Fraternité de Notre-Dame de la merci*, avril 1952.

médiaire de son ami Blanzat allait se joindre un an plus tard. Son adhésion était significative: 'C'était pour nous, vu sa personnalité, son
talent, sa situation politique, une grande victoire, un grand réconfort;
le seul, l'unique académicien du C.N.E. jusqu'en 1944.'[5] Dès le deuxième numéro de son journal clandestin, *Les Lettres françaises*, le
groupe publia sa déclaration fondatrice:

1. Se refuser à tout ce qui pourrait jeter l'équivoque sur le sens du
   combat mené en commun et sur la fraternité d'armes entre
   Français et Alliés,
2. Ne jamais démentir, par leurs écrits, les principes humains et
   moraux qui ont placé la France et sa pensée à la pointe des
   nations, et en particulier:
3. Ne jamais professer qu'ils approuvent ou absolvent des idées, des
   principes ou des hommes qui menaceraient le respect, la liberté
   et la dignité de l'être humain,
4. Ne jamais professer ni admettre qu'une distinction puisse être
   faite entre des citoyens, en vertu de leur origine, de leur naissance, de leurs convictions ou de leurs croyances,
5. Défendre par tous les moyens la liberté de pensée et d'expression.

Le ton de cette déclaration est noble et patriotique, un reflet de l'esprit
de résistance du groupe (selon Debû-Bridel 'une école de vertu'[6])
même si pendant ces premières années il n'avait pas de buts spéci-
fiques. Son existence pourtant était d'une importance fondamentale
pour les milieux intellectuels et littéraires. Claude Morgan se
souviendra de son évolution dans *Les Lettres françaises* du 16 septembre
1944:

> A mesure que le Comité national des écrivains gagnait en impor-
> tance, le nombre des écrivains qui assistaient aux séances du
> Comité devenait plus grand. Nous avions été contraints, par les
> conditions mêmes du travail clandestin, de limiter leur nombre. Il
> existait en fait un Comité directeur qui s'était constitué autour du
> noyau initial et dont chaque membre représentait plusieurs

---

4 Jacques Debû-Bridel, *La Résistance intellectuelle*, textes et témoignages réunis et
   présentés par Jacques Debû-Bridel, Julliard, Paris, 1970, p.34.
5 *Ibid.*, p.45.
6 Cité dans Gisèle Sapiro, *La Guerre des écrivains, 1940–1953*, Fayard, Paris, 1999,
   p.491.

écrivains, qui, eux, ne siégeaient pas aux séances. Il n'y avait naturellement dans notre esprit aucune idée de créer une hiérarchie entre les écrivains, tous égaux en droit, mais la seule préoccupation d'échapper à la Gestapo.

Mais n'est-il pas probable que derrière cet idéalisme, derrière cette apparence d'unité et d'égalité, des rivalités ou des scissions commençaient déjà à se faire ressentir? Paulhan, n'avait-il pas été clairvoyant lorsqu'en août 1941 il écrivit à son ami Marcel Jouhandeau: 'Cher Marcel, il y a du moins un engagement que je peux prendre: lorsqu'après la débâcle allemande [. . .] ce sera le tour des communistes d'exécuter les innocents je les haïrai du même cœur que je fais aujourd'hui leurs bourreaux.'[7]

Dès l'automne 1944 l'une des premières décisions du comité directeur du C.N.E. — dominé, il ne faut pas l'oublier, par ses membres communistes — serait d'établir et de publier la "liste noire" où figureraient les noms des écrivains jugés de s'être compromis par des actes de collaboration et qui évoquaient, bien entendu, les célèbres listes Otto de 1940.[8] Paulhan était parmi les premiers à apercevoir et à parler des problèmes qui risquaient de se produire avec la publication d'une telle liste. Déjà dans une réunion chez Mauriac au 38 avenue Théophile Gautier le 20 mars 1943, mais d'où des communistes étaient absents, l'idée d'une "liste noire" avait été proposée pour la première fois semble-t-il. Paulhan s'est montré plus que circonspect. Claude Mauriac s'en souvient dans son journal: 'Chez mon père, hier après-midi, réunion rituelle des trois Jean (Paulhan, Guéhenno, Blanzat), auxquels s'ajoutait Pierre Brisson [. . .]. Avec des airs d'inquisiteurs, ils dressaient "pour le jour de la victoire", des listes de proscription. Jean Paulhan disait (mais avec une certaine ironie), qu'il n'y aurait pas besoin de changer la loi, la référence 'flagrant délit de trahison' permettant de juger les prévenus expéditivement et sans enquête. [. . .] Jean Paulhan, sardonique, mordant, l'esprit en état de tension continuelle, jugeant des êtres et des choses selon des critères

---

7   Voir *André Gide — Jean Paulhan, Correspondance, 1918–1951*, Édition établie et annotée par Frédéric Grover et Pierrette Schartenberg-Winter, Gallimard, Paris, 1998, p.304.
8   Otto Abetz, ambassadeur allemand, était chargé d'organiser la collaboration à partir de juin 1940. Responsable de la politique culturelle il fit publier en octobre la première 'liste Otto' des livres interdits. Elle comportait les noms d'environ 700 auteurs juifs et allemands (y compris Thomas Mann, Stefan Zweig et Erich Maria Remarque) dont les écrits exprimaient des sentiments opposés au Troisième Reich.

saugrenus, mais en imposant à ses interlocuteurs, et coupable pour cela de troubler le bon sens de ses amis.'[9]

Dix-huit mois plus tard l'idée devient une réalité. Dans *Action*, du 9 septembre 1944, dans un article dont le titre 'Responsabilité de l'écrivain' est déjà la question dominante des mois suivants, Louis Parrot écrit;

> Dans quelle mesure un écrivain est-il responsable de ses écrits?
>
> La réponse est aisée: doit être coupable tout écrivain dont l'activité a aidé la propagande ennemie et qui a mis complaisamment, par conviction, par appât du gain, ou par lâcheté, son talent au service de l'Allemagne hitlérienne. Aucune échappatoire n'est possible. [. . .]
>
> Parmi tous les écrivains dont les signatures revenaient souvent dans les journaux et les revues de l'occupation, depuis la N.R.F. jusqu'à la "Chronique de Paris", il en est un bon nombre qui professaient, bien avant la guerre, la plus vive admiration pour le nazisme. Leur attitude pendant l'occupation est donc fort logique, ils avaient l'habitude de la trahison [. . .].
>
> On attend l'action du Conseil [*sic*] national des Ecrivains.

Ni Parrot ni ses lecteurs ne se faisaient attendre. Déjà au cours de sa réunion du 4 septembre le C.N.E. avait établi la première liste noire des 'écrivains indésirables' qui est publiée dans le premier numéro non clandestin des *Lettres françaises* le même jour que l'article de Parrot dans *Action*. Le 9 septembre aussi dans *Le Figaro* Maurice Noël décrit la séance et la réaction de Paulhan: 'une voix s'est élevée au sein des juges. Celle de M. Jean Paulhan [qui] tentait de défendre pour l'écrivain le droit à l'erreur.' Toujours le 9 Paulhan écrit à Debû-Bridel: 'Que le premier acte public du C.N.E. soit pour aller demander à la Justice, l'arrestation d'autres écrivains, la chose me paraît exactement horrible.'[10] Et à son ami Jouhandeau dont le nom figure sur la liste: 'Moi, j'avais protesté contre la motion. J'avais fait remarquer que l'erreur, le risque de l'esprit et voire l'aberration (au sens des théologiens) sont le premier droit à l'écrivain.'[11]

---

9 *Le Temps immobile*, t. IV, *La Terrasse de Malagar*, Grasset, Paris, 1978, pp.186,7.

10 Jean Paulhan, *Choix de lettres, II, 1937–1945, Traité des jours sombres*, par Dominique Aury et Jean-Claude Zyberstein revu, augmenté et annoté par Bernard Leuillet, Gallimard, Paris, 1992, p.374.

11 *Ibid.*, p.374.

Pendant les semaines qui suivent Paulhan continue à exprimer les mêmes sentiments, surtout à ceux qui font partie du Comité. Le 30 septembre il écrit à Mauriac: 'Sommes-nous vraiment là pour dénoncer ceux de nos confrères qui ne sont pas encore arrêtés? Est-ce qu'il n'existe pas un honneur des écrivains, qu'il est difficile de préciser, plus difficile de démontrer (mais l'honneur français nous l'avons vu, ne l'était pas moins) qui intervient à certains moments pour dire comme il nous le disait dans la clandestinité (les temps clandestins) -: "ni juges, ni mouchards".'[12] Le lendemain à Eluard il réaffirme sa position: 'Que veux-tu que je fiche dans un Comité où je suis seul de mon avis? [. . .] Il s'agit de savoir si l'honneur d'un écrivain lui permet, lui ordonne de dénoncer d'autres écrivains. Moi je ne crois pas',[13] et deux jours plus tard à Aragon: 'notre démarche en corps auprès de la Justice (représentée par son Ministre) donc nous à la fois plus dénonciateurs que jamais, c'est exactement à mon sens que nous ne devons pas faire, ce qu'il est pour nous à peu près déshonorant de faire.'[14]

Paulhan n'était pas le seul à avoir des réserves sur l'épuration et à souligner la nécessité de retrouver et de rétablir le plus rapidement possible le sens d'une unité nationale. Dès août 1944 Mauriac et Camus en particulier ont entrepris une dispute qui, comme on le sait, allait les séparer et même les opposer pendant un an. Mauriac, dont les articles, surtout dans *Le Figaro* seraient caractérisés par des images d'une France crucifiée et martyrisée, a très clairement résumé les espoirs de la plus grande majorité de ses compatriotes dans les colonnes du *Carrefour*, le 26 août:

> Les Gaullistes et les Communistes dont le sang s'est confondu et a été bu par la même terre, nous demandent de demeurer unis comme ils étaient dans la Résistance, dans les camps de concentration, dans les commandos, au milieu des tortures et dans la mort.

---

12 *François Mauriac et Jean Paulhan: Correspondance 1925–1967*, édition établie, présentée et annotée par John E. Flower, Editions Claire Paulhan, Paris 2001, p.223.
13 *Choix de lettres, II, op.cit.*, p.377.
14 *Louis Aragon, Jean Paulhan, Elsa Triolet, "Le Temps traversé"*, correspondance 1920–1964, édition établie, présentée et annotée par Bernard Leuillot, Gallimard, Paris, 1994, p.176. Selon Sapiro, *La Guerre des écrivains, op.cit.*, (pp.574,5 et p.576, note 30) le C.N.E. a eu l'idée d'établir une liste des 'grands coupables' qui aurait été présentée au Ministre de la Justice, François de Menthon, par Aragon, Mauriac, Schlumberger et Debû-Bridel, mais elle n'a jamais été réalisée.

> Oui, cela d'abord et avant tout. Et en ce qui nous concerne, nous autres, écrivains, que chacun des journaux où nous allons essayer de servir la France ressuscitée, apparaisse comme le signe sensible et vivant de cette réconciliation entre des frères naguère ennemis, mais qui ont communié pendant quatre ans dans le même amour de la patrie profanée, car nous savons aujourd'hui qu'en dépit de tout ce qui nous divisait nous demeurons les fils du même esprit, que nous sommes frères, engendrés par la même liberté.

Même si, comme il le reconnaîtra cinq mois plus tard, l'épuration est 'un mal nécessaire' (11 janvier 1945) et qu'il en est écœuré, pour la plus grande partie de la population — ceux peut-être qui ont passé leurs temps à faire la queue aux portes des cinémas comme a dit Camus[15] — il y a eu des circonstances exténuantes. Combien de Français n'ont pas été coupables d'un acte de collaboration même indirectement ou à leur insu? Combien ont accepté comme légitimes sans y réfléchir l'État français et Pétain comme chef d'état? Que ceux qui ont activement poursuivi la politique non seulement de Vichy mais des Nazis méritent d'être punis il y a peu de doute, mais Mauriac reconnaît très vite le danger des réactions exagérées et arbitraires. Le 8 septembre dans un article intitulé 'La Vraie Justice' n'écrit-il pas qu'il 'faut être assuré de frapper juste lorsqu'on est résolu à frapper fort' et que 'nous aspirons à mieux qu'à un chassé-croisé de bourreaux et de victimes. Il ne faut à aucun prix que la quatrième République chausse les bottes de la Gestapo.' Dans *Le Figaro* du même jour il n'est pas moins direct: 'Refusons-nous à faire un choix dans l'héritage français. C'est dans ses contradictions, dans sa diversité sublime, que nous embrassons la patrie ressuscitée. Quelle que soit notre foi politique ou religieuse, nous avons appris au long de ces quatre années que la Nation est capable de nous unir étroitement dans son amour.'[16] Un mois plus tard son ton est toujours pareil:

> Nous voulons, nous exigeons le châtiment des coupables — non celui des suspects [. . .]. Il existe des crimes définis sur lesquels aucun désaccord n'est imaginable. Mais les accusations vagues et, si l'on peut dire, sans contours, qui planent sur une foule de citoyens et dont les Marats nourrissent leur verve, voilà l'un des

15 *Combat*, 20 octobre 1944.
16 'Écrit le lendemain de la délivrance.'

pires malheurs qui puissent frapper un peuple déjà accablé d'autant de misères, que l'est le nôtre.[17]

Au cours de la période août 1944 jusqu'en mars de l'année suivante les articles de Mauriac 'reflètent cette époque confuse et trouble où la France, devenue libre, n'avait pas encore les mœurs de la liberté', et sa responsabilité en tant que journaliste est d'exercer ses lecteurs 'à l'examen de conscience.'[18]

Si la voix d'un écrivain aussi prestigieux que Mauriac — Gisèle Sapiro l'appelle un 'prophète national'[19] — allait avoir une influence certaine, celle d'un jeune écrivain déjà connu pour son premier roman *L'Etranger* (1942) et sorti des rangs des résistants aurait son poids aussi dans les pages de *Combat*. Comme son aîné Camus embrasse politiquement l'idée de l'unité nationale: 'La France aujourd'hui forme un tout', écrit-il le 6 septembre. 'Il faut la prendre comme un tout, avec le général de Gaulle et avec les communistes. Car le général de Gaulle, les parties de la Résistance et les communistes ont scellé dans le même combat une fraternité qu'ils ne démentiront pas.' Dès août Camus parle, lui aussi, de la responsabilité du journaliste et de 'l'immense nécessité [. . .] de redonner à un pays sa voix profonde.'[20] Pour lui aussi la question dominante est non seulement celle de la démocratie mais aussi de la justice; les deux sont inséparables: 'la justice pour tous, c'est la soumission de la personnalité au bien collectif.'[21] Mais malgré son respect pour Mauriac son interprétation de la notion de la justice l'en sépare. Si pour l'académicien les valeurs chrétiennes et surtout la charité jouent un rôle de plus en plus important dans son attitude vis-à-vis de l'avenir de la France et surtout de l'épuration, pour Camus ce qui compte au-dessus de tout est le renouvellement fondamental de la société. Sa foi dans le peuple français et dans une révolution dont l'inspiration se trouve dans les principes de la résistance est le thème permanent de ses éditoriaux dans *Combat* jusqu'aux premiers mois de 1945.[22] Comme Mauriac Camus accepte que pour certains l'épura-

---

17 'Révolution et révolution', *Le Figaro*, 13 octobre 1944.
18 'Examens de conscience', *Le Figaro*, 10 septembre 1944.
19 Sapiro, *La Guerre des écrivains, op.cit.*, p.605.
20 *Combat*, 31 août 1944.
21 *Combat*, 8 septembre 1944.
22 L'article de Mauriac, 'Révolution et révolution' joue sur le sous-titre de *Combat* 'De la Résistance à la Révolution', et y est une sorte de réponse. Voir Jean-Jacques Becker, 'Albert Camus et la politique à la Libération' in Jeanyves Guérin (dir.), *Camus et la politique*, L'Harmatton, Paris, 1986, pp.107–116.

tion est nécessaire mais qu'il faut qu'elle soit 'courte', 'bien faite' et surtout basée sur la justice humaine malgré toutes ses 'terribles imperfections'.[23] Comme on le sait Camus reconnaîtra finalement que Mauriac aura eu raison mais en octobre 1944 ce qui les sépare est clair et forme la base de son éditorial du 25:

> Un chrétien pourra penser que la justice humaine est toujours suppléée par la justice divine et que, par conséquent, l'indulgence est préférable. Mais que Mauriac considère le conflit où se trouvent des hommes qui ignorent la sentence divine et qui gardent, cependant, le goût de l'homme et l'espoir de sa grandeur. Ils ont à se taire pour toujours ou à se convertir à la justice des hommes. Cela ne peut aller sans déchirements. Mais devant quatre ans de douleurs collectives succédant à vingt-cinq ans de médiocrité le doute n'est plus possible. Et nous avons choisi d'assumer la justice humaine avec ses terribles imperfections, soucieux seulement de la corriger par une honnêteté désespérément maintenue.
>
> Nous n'avons jamais demandé une répression aveugle et convulsive. Nous détestons l'arbitraire et la sottise criminelle, nous voudrions que la France garde ses mains pures. Mais nous souhaitons pour cela une justice prompte et limitée dans le temps, la répression immédiate des crimes les plus évidents, et ensuite, puisqu'on ne peut rien faire sans la médiocrité, l'oubli raisonné des erreurs que tant de Français ont tout de même commises.
>
> Ce langage est-il si horrible que le pense M. Mauriac? Certes, ce n'est pas celui de la grâce. Mais c'est le langage d'une génération d'hommes élevés dans le spectacle de la justice, étrangère à Dieu, amoureuse de l'homme et résolue à le servir contre un destin si souvent déraisonnable.

★ ★ ★

Les questions soulevées par le C.N.E. concernant les écrivains et les éditeurs qui s'étaient compromis pendant l'Occupation n'avaient rien, bien entendu, du poids ou de la signification du débat entretenu dans les pages du *Figaro* et de *Combat*. Mais elles en étaient un reflet très précis. Comme l'a décrit Vercors, un des membres les plus inflexibles du C.N.E., le comité 'unissait de la droite à la gauche, le meilleur de

---

23 *Combat,* 25 octobre 1944.

l'intelligence nationale dans sa résolution de penser librement et d'exprimer sans compromission ce qu'elle estimait être juste, être vrai.'[24] Si le C.N.E. n'avait aucun statut officiel cela ne diminuait en rien son attitude autoritaire au point où, pour citer Chebel d'Appollonia, il s'est transformé en un 'office dictatorial, lançant des oukazes et des excommunications'.[25] Malheureusement les comptes rendus des assemblées plénières du C.N.E. des premiers mois après la Libération ont été détruits ou égarés et il nous est impossible d'avoir une idée précise des interventions de Camus, de Mauriac et de Paulhan. Pourtant il est certain que tous les trois, dès le début, ont protesté contre la position adoptée par les plus durs parmi leurs collègues. Plusieurs historiens, notamment Gisèle Sapiro, ont constaté qu'au cœur des débats il y avait des centres d'intérêt et d'influence divers tels que l'Académie française, l'Académie Goncourt et la *N.R.F.* et en même temps un conflit de générations.[26] Mais c'était surtout le rôle joué par les membres communistes du comité, de plus en plus dirigés par Aragon et l'exploitation des *Lettres françaises* comme journal officiel qui provoqueraient non seulement des démissions mais créeraient un climat où, non sans ironie, il y aurait une indulgence croissante pour des écrivains coupables de collaboration selon le C.N.E. et dont les noms figuraient sur les "listes noires".

Le 9 septembre 1944 *Les Lettres françaises* publie le manifeste des écrivains français rédigé par Claude Morgan. Sa substance essentielle semble très modérée.

> Le Comité national des écrivains fut la seule organisation représentative et agissante des écrivains qui, de toutes les générations, de toutes écoles et de tous partis, sont venus à lui résolus à oublier tout ce qui pouvait les diviser, et à s'unir devant le péril mortel qui menaçait leur patrie et la civilisation.
> [. . .]
> Demeurons unis dans la victoire et la liberté comme nous le fûmes dans la douleur et l'oppression. Demeurons unis pour la résurrection de la France et le juste châtiment des imposteurs et des traîtres.

---

24 J. Meyer, *Vie et mort des Français*, Hachette, Paris, 1971, pp.291, 2 in Sapiro, *La Guerre des écrivains, op.cit.*, p.538.
25 *Histoire politique des intellectuels en France, 1944–1954*, Tome I, Éditions Complexe, Paris, 1991, p.71.
26 Voir *La Guerre des écrivains, op.cit.*, pp.560–62 et p.565.

> Notre voix doit s'élever et notre mission s'affirmer dans le monde qui va naître.

Mais la réalité s'en est déjà affirmée plus radicale. Le Pasteur Bœgner cite Mauriac qui, lui, a parlé d'un 'écran derrière lequel le communisme fait des affaires, je le sens car j'en suis.'[27] Jeannine Verdès-Leroux raconte l'expérience de Roger Martin du Gard qui décrit dans son journal comment le C.N.E. lui avait été présenté par Georges Sadoul comme comité de résistance intellectuelle, mais qui s'était révélé en réalité un vaste groupement 'plus ou moins dirigé par Aragon.'[28] Paulhan, quant à lui, avait déjà indiqué dans plusieurs lettres, notamment à Jean Lescure et à Jacques Debû-Bridel, que Mauriac et Jean Guéhenno[29] s'inquiétaient que *Les Lettres françaises* reste sous le contrôle du Parti (qui le subventionne) et que le C.N.E. soit également suspect. Quoi qu'il en soit il semble que seul Paulhan proteste contre la politique du C.N.E. (qui s'engage à apporter son 'concours entier au gouvernement pour la mise en œuvre des mesures demandées'), à l'occasion de la réunion du 4 septembre à laquelle le comité directeur présente la première liste noire. La motion préparée et votée demande 'que des sanctions soient prises contre les membres du groupe *Collaboration*, les écrivains qui ont accepté de se rendre aux divers congrès tenus en Allemagne depuis juin 1940, tous ceux qui ont reçu de l'argent de l'ennemi, ceux qui ont aidé, encouragé ou soutenu la propagande et l'oppression hitlérienne.'[30] Comme nous l'avons déjà noté, selon Maurice Noël, la réaction de Paulhan qui a essayé de défendre pour l'écrivain le droit à l'erreur était forte. De plus il a pensé à démissionner même s'il ne le fera pas avant deux ans. Toujours dans sa lettre à Debû-Bridel du 9 septembre il écrit:

> Il me serait cependant très pénible de démissionner du Comité, mais laissez-moi entrer (comme on dit, je crois) en sommeil, et ne vous étonnez pas trop si je manque à nos réunions.
> Mettez mes absences sur le compte de la maladie.

Et il dit la même chose à Mauriac à la fin du mois:

---

27 *Carnets, 1940–1965*, Fayard, Paris, 1992, p.316.

28 Jeannine Verdès-Leroux, *Refus et violences. Politique et littérature à l'extrême droite des années trente aux retombées de la Libération*, Gallimard, Paris, 1996, p.385.

29 Voir par exemple les lettres datées le 25 août et août 1944 dans *Choix de Lettres*, II, *op.cit.*, pp.371–373.

30 Texte cité dans *Choix de Lettres*, II, *op.cit.*, p.512.

> Je ne voudrais pas démissionner, en ce moment, du C.N.E.. Tout
> de même, il me faut prier Claude M[organ] de ne pas compter sur
> moi pour les prochaines séances.[31]

Il est évident que le climat était tendu même si Paulhan était le seul à parler directement contre l'idée des listes. Dans sa réponse à Paulhan quelques jours plus tard Mauriac, lui aussi, exprime son dégoût: 'nous n'avons pas des âmes de *flics*',[32] et Camus démissionne du C.N.E. à la fin de septembre ne pouvant plus tolérer un climat où 'l'indépendance morale est si mal supportée'.[33] Au même moment il invite Paulhan à témoigner de ses différends avec le Comité dans *Combat*. Le 27 septembre le journal publie son article intitulé 'Manœuvres contre la liberté', mais Paulhan donne l'impression de ne pas vouloir se laisser entraîner dans un débat public. Au lieu de répondre directement à l'invitation de Camus il se lance dans une vive critique des représentations — sur des affiches, des timbres et des cartes de visite — de la nouvelle liberté par 'l'art officiel'. Ces représentations sont 'maladroites et pénibles', mais ce qui est pire est qu'elles reflètent directement l'attitude du gouvernement avec sa 'tricherie, [sa] sottise et [sa] platitude'. Non seulement sont-elles l'expression d'une absence de vision, mais d'une résignation dont le danger est (comme au C.N.E.) qu'elle permettra aux communistes de s'infiltrer peu à peu dans les positions du pouvoir. La menace est évidente dit Paulhan; 'Si nous nous résignons un jour, ce sera tant pis pour vous et pour nous.' Paulhan continue à hésiter. Tandis que Mauriac démissionnera du C.N.E. en janvier 1946[34] Paulhan ne prendra pas ce pas décisif avant

---

31 *François Mauriac et Jean Paulhan: Correspondance*, op.cit., p.223. Lettre probablement du 30 septembre 1944. Un mois plus tard il écrit à Marcel Arland que les débats du C.N.E. l'ont 'fatigué, préoccupé, dégoûté. J'ai démissionné puis, sur l'insistance de nos amis, retiré ma démission. Il est simplement entendu qu'on me met "en sommeil".' *Marcel Arland — Jean Paulhan, Correspondance, 1936–1945*, Édition établie et annotée par Jean-Jacques Didier, Gallimard, Paris, 2000, p.327.

32 *François Mauriac et Jean Paulhan: Correspondance*, op.cit., p.224.

33 Voir Sapiro, *La Guerre des écrivains*, op.cit., p.571.

34 Il reviendra brièvement pourtant en 1946 au moment où Jean-Louis Vaudoyer, administrateur de la Comédie Française sous l'Occupation pose sa candidature au siège d'Alfred Baudrillart à l'Académie Française. Mauriac proteste et demande l'approbation et le soutien du C.N.E. A l'assemblée générale du 28 mai 1946 il prend la parole et termine son discours: 'Je crois que mon retour parmi vous a une très grande signification pour l'avenir et que c'est peut-être le point de départ, si vous voulez, de nouveaux rapports qui auront une très grande importance, car je vous dis avec certitude, cette affaire Vaudoyer je la déplore: Vaudoyer a été d'une légèreté

le 23 novembre même s'il n'assiste pas aux séances du Comité. Il est possible, comme l'ont suggéré plusieurs commentateurs, que Paulhan y soit resté, même si c'était 'en sommeil', par loyauté à Gaston Gallimard qui sera menacé d'une condamnation, accusé d'avoir reçu de l'argent des autorités allemandes, d'avoir publié des ouvrages des écrivains tels que Céline ou Drieu la Rochelle qui n'avaient jamais caché leur sympathie collaborationniste et d'avoir relancé la *Nouvelle Revue française* sous la direction du dernier. Gallimard sera 'blanchi' par Paulhan qui insiste sur la dissociation entre la revue et les éditions.[35] Le procès de Gallimard a lieu le 26 octobre 1946 même s'il faudra attendre le 7 juin 1948 pour que l'affaire soit définitivement classée.

Le 19 septembre 1944 le C.N.E. publie dans *Les Lettres françaises* la deuxième liste noire et le 21 octobre la troisième, définitive, qui contient 165 noms. Mais le ton des commentaires change. Petit à petit la position du Comité se modifie. Il prend ses distances avec l'épuration judiciaire pour insister sur le caractère moral des listes qui n'engagent que ses membres. Mais si les activités du C.N.E. se marginalisent par rapport à celles de l'épuration en général elles ne continuent pas moins à exercer une influence considérable dans le monde des lettres. De plus la côterie communiste et communisante autour d'Aragon s'impose en même temps que ce dernier devient de plus en plus impérialiste. Son attaque contre Gide en novembre 1944

---

incroyable parce qu'il sert en somme, sans le vouloir, des intérêts qui dépassent infiniment l'histoire d'une candidature à l'Académie Française.' Le comité approuve la protestation de Mauriac et la motion votée à l'unanimité. (Archives du C.N.E.) Edouard Herriot sera élu au siège de Baudrillart mais Vaudoyer, lui, sera élu à celui d'Edmond Jaloux en 1950, malgré l'opposition persistante de Mauriac. Un an plus tard, en novembre 1951, Mauriac reconnaîtra cependant qu'il s'est montré injuste en accusant Vaudoyer de collaboration. (Voir Georges Duhamel, *Le Livre de l'amertume*, Mercure de France, Paris, 1984 et *François Mauriac et Georges Duhamel, Correspondance, 1919–1966*, présentée et annotée par J.-J. Hueber, Klincksieck, Paris, 1997.)

35 Voir Pierre Assouline, *Gaston Gallimard. Un demi siècle d'édition française*, Balland, Paris, 1984, p.382 et *François Mauriac et Jean Paulhan: Correspondance, op.cit.*, p.256, note 1. Voir aussi ce qu'écrit Jean Galtier-Boissière dans *Mon Journal depuis la Libération* (La Jeune Parque, Paris, 1945) le 6 septembre 1944: 'Gallimard est un gros malin. Il ne sera pas arrêté comme Grasset car, lui, jouait habilement sur les deux tableaux. Pas fou, le vieux! A la *Nouvelle Revue française*, deux bureaux se faisaient face: Le bureau de Drieu, membre dirigeant du parti Doriot, collabo sincère, directeur de la revue "N.R.F." pro-nazie, et celui de Jean Paulhan, résistant de la première heure et fondateur, avec Jacques Decour, du journal clandestin antiboche *Les Lettres françaises*.'

en est un exemple frappant. Citant ce que Gide avait écrit dans son journal le 5 septembre 1940 ('Composer avec l'ennemi d'hier, ce n'est pas lâcheté, c'est sagesse, et d'accepter l'inévitable') il l'accuse d'être anti-communiste et pro-Allemand. Gide de sa part ne réagit pas aux attaques d'Aragon mais quelques semaines plus tard, le 7 décembre, écrit à Schlumberger: 'C'est une sorte de "terreur" qu'ils veulent faire régner sur les lettres et sur la pensée; un totalitarisme analogue à celui des Nazis auxquels ils prétendent s'opposer, mais aussi redoutable et plus perfide encore, car plus dissimulé et se parant des couleurs de la Liberté.'[36] Quelques jours après avoir écrit lui-même à Schlumberger, Gide reçoit une lettre de Roger Martin du Gard qui résume en peu de mots la situation actuelle et anticipe celle que viseront Mauriac et Paulhan dans les mois qui viennent: 'Paris n'a pas encore retrouvé le climat pour nous. . . On épure, on épure. . . Il s'en faut de peu que la "République des Écrivains de gauche" (dont nous sommes, il va sans dire) ne devienne un État totalitaire et policier, où l'on se débarrasse des adversaires, voire des concurrents, par la prison ou la mort.'[37]

★ ★ ★

L'itinéraire politique et intellectuel de Mauriac pendant les mois suivants est bien connu et bien documenté. Pour lui, dans le climat de l'épuration et des procès officiels, la charité chrétienne, que Camus a contestée, reste primordiale. Même s'il accepte qu'il y aurait toujours ceux qui méritaient la peine de mort ('nous exigeons le châtiment des coupables') et que l'épuration était un 'mal nécessaire',[38] il devint de plus en plus enclin à pardonner ou, pour citer Paulhan de nouveau, à reconnaître 'le droit à l'erreur'. Il se peut, comme plusieurs critiques l'ont suggéré, que Mauriac eût des raisons personnelles,[39] qu'il s'inquiète du sort de son frère Pierre qui avait adhéré à l'Action française

---

36 *André Gide — Jean Schlumberger, Correspondance, 1901–1950*, édition établie, présentée et annotée par Pascal Mercier et Peter Fawcett, Gallimard, Paris, 1993, p.967. Voir aussi la lettre de Paulhan à Jean Lescure citée par Sapiro (*La guerre des écrivains, op.cit.*, p.550): 'Ah! les c[ommunistes] vont nous imposer une drôle de littérature edifiante: pire que celle des nazis.'

37 *André Gide — Roger Martin du Gard, Correspondance*, introduction par Jean Delay, Gallimard, Paris, 1968, t. II, p.287. Lettre citée par Verdès-Leroux, *Refus et violences, op.cit.*, pp.380,81.

38 'Révolution et révolution', *Le Figaro*, 13 octobre 1944.

39 Voir Lacouture, *François Mauriac, op.cit.*, et Malcolm Scott, *Mauriac et De Gaulle*, L'Esprit du Temps, Bordeaux, 1999.

et qui avait été président du conseil de l'ordre des médecins de la Gironde. Claude Mauriac raconte comment son oncle reçut une lettre qui lui fit savoir qu'il 'serait passible de la Cour de Justice'.[40] Mais Mauriac avait déjà pris la position qui sera la sienne et qui caractérisera ses commentaires politiques pendant une trentaine d'années, et Paulhan semble être moins que juste à son égard lorsqu'il lui écrit en octobre 1944: 'Certes vos arguments sont justes, et vos craintes sans doute fondées. Mais pourquoi les formez-vous *à présent*?'[41] Les interventions de Mauriac dans les procès de Béraud et de Brasillach sont bien connues et ne furent que l'expression logique et naturelle de sa position à la Libération. Ce qui comptait surtout pour Mauriac était le salut de la France qui ne serait jamais réalisable sans la réconciliation de 'la Justice avec la Miséricorde'.[42] Il est vrai que le 30 avril 1946 dans *Le Figaro* il reconnaîtra qu'il a eu tort 'd'avoir invoqué la miséricorde et de ne m'être pas tenu strictement sur le terrain de la justice.'[43] Mais, il continue: 'Qui pourrait nier qu'aujourd'hui, en prison et au bagne, des hommes souffrent qui, en leur âme et conscience, n'ont jamais cru ni voulu commettre un acte criminel?'

Déjà rapidement classé parmi les rangs des 'indulgents' (il sera surnommé 'Saint François des Assises' premièrement par *Le Canard enchaîné* le 10 janvier 1945 et ensuite par la droite en général, Mauriac allait mener une campagne non seulement contre le 'hasard et arbitraire' (27 décembre 1944)[44] mais contre toute sorte d'intolérance et de dictature, notamment contre celle du 'parti unique des dictatures'[45] (3–4 décembre 1944), les communistes. Quel que soit son désenchantement croissant dès la Libération, il voit en De Gaulle le seul homme politique 'autour de qui la nation et la République vont se restaurer.'[46] Avec sa 'dignité patiente' il n'y a que le Général qui sait se maintenir au-dessus de la politique étroite de parti et qui a une vision vraiment nationale. Bien que Mauriac ne diminue jamais le rôle joué par des communistes dans la Résistance, il prend rapidement ses distances à leur égard. Malgré son bref retour en 1946 pour son appui

---

40 *Le Temps immobile*, t. V, *Aimer de Gaulle*, Grasset, Paris, 1978, p.129.
41 *François Mauriac et Jean Paulhan: Correspondance, op.cit.*, p.231. C'est Paulhan qui souligne.
42 'Les poètes de la résistance' dans Jean Touzot, *Mauriac sous l'Occupation*, La Manufacture, Paris, 1990, p.336.
43 'Le Crime et le châtiment', *Le Figaro*, 30 avril 1946.
44 'La Loterie', *Le Figaro*.
45 'La Vocation de la résistance', *Le Figaro*.
46 'Le Premier des nôtres', *Le Figaro*, 25 août 1944.

dans l'affaire Vaudoyer,[47] Mauriac continuera à voir dans le C.N.E. une enclave du P.C.F. et dans leurs activités un reflet d'une politique générale. Trois ans plus tard, le 19 mai 1949, nous le retrouvons dans *Le Figaro* où il s'adresse directement au C.N.E.:

> Qu'est-ce qu'un Comité national d'Écrivains, dont se trouve absent presque tout ce qui compte aujourd'hui, dans les lettres? [. . .] Il reste que ce comité prétendu national n'est plus ouvert aujourd'hui qu'aux écrivains qui désirent la soviétisation de l'Europe ou qui du moins y sont résignés, même s'ils espèrent bien que cela n'arrivera jamais chez nous.
>
> Vous êtes l'émanation d'un parti politique, voilà le fait. Alors pourquoi entretenir cette équivoque? Ajoutez deux lettres aux trois lettres qui vous désignent: C.N.E.C.C., ce qui signifiera: *Comité national des Écrivains communistes et communisants.*[48]

Mais déjà à partir de la fin de 1945 l'un des thèmes principaux de ses articles — qui le mettra en dispute avec plusieurs et notamment avec Pierre Hervé dans *Action* — est que la menace soviétique est plus sérieuse. Il n'est plus question d'un parti national. Les communistes français se sont soumis à la direction de Moscou, du Parti central et de Staline. 'Le P.C.F. ne fera rien', écrit-il le 16 décembre 1945, que 'si [les] chefs le jugent bon', et le 5 mai suivant: 'il est vrai que leur morale se moque de la morale et que c'est ce qu'exige le Parti qui est le bien.'[49] Comme dans tout parti totalitaire l'individu ne compte pas; il sera absorbé par la masse. Mauriac refuse de se laisser engloutir de cette façon et restera fidèle à 'l'engagement secret' qu'il prendra aux obsèques de Ramon Fernandez 'de lutter contre ma passion politique, aussi violente qu'elle fût (et Dieu sait qu'elle l'était) et de ne jamais devenir un chien de meute.'[50]

Mais si Mauriac se plonge de plus en plus dans les grands débats politiques des dernières années 40, Paulhan, lui, reste au centre de ceux, plutôt littéraires, qui tournent autour du rôle de l'écrivain et de sa responsabilité. Tout comme Mauriac il s'inquiète de la nature bornée et passive des communistes, même des intellectuels: 'chaque

---

47 Voir note 34.
48 'Rue d'Elysée'.
49 'La guerre aux catholiques' et 'Le Lasso', *Le Figaro*, 4 mai 1946. Voir aussi *Le Figaro*, 19 juillet 1946: 'Les communistes ont leur morale qui se moque de notre morale.'
50 'Drieu', *La Table ronde*, juin 1949.

communiste qui dit ou répète un mot d'ordre dit la vérité, même si — par paresse, sottise ou autre — il ne s'en aperçoit pas et se figure mentir' dira-t-il en septembre 1945.[51] Déjà à la suite de l'exécution de Brasillach en février de cette année, *Carrefour*, entre le 10 février et le 17 mars, ouvre ses colonnes à un débat qui établira une division nette entre les durs dont le porte-parole principal et qui 'représente' le C.N.E. est Vercors, et les modérés, les indulgents.[52] Paulhan n'y participe pas. Il écrit à Gérard Boutelleau,[53] l'un des directeurs de *Carrefour* pour se récuser: 'Je dois bien dire que la question ne m'intéresse pas [. . .]. Je me sens fort peu moraliste', cette dernière phrase anticipant le début de la troisième lettre ouverte aux membres du C.N.E. de 1947.

La position de Paulhan se précise en avril 1946 avec la publication du premier numéro des *Cahiers de la Pléiade*. Financée par Gallimard cette revue trimestrielle strictement littéraire devait occuper la place laissée par la *Nouvelle Revue française*. Même si son nom n'y figure qu'à partir du cinquième numéro en été 1948 Paulhan était le directeur de cette 'N.R.F. déguisée'.[54] Le 19 juillet 1946 il écrit à Gallimard: 'ma tâche de directeur des *Cahiers* me paraît tenir pour l'essentiel à briser cette sorte de cercle de fer que le machiavélisme des uns, la lâcheté des autres referment depuis deux ans plus solidement chaque jour autour d'un Jouhandeau, d'un Giono, et même d'un Montherlant (que je n'aime guère).'[55] Acte provocateur ou réalisation d'une conviction profonde et sincère, la publication des *Cahiers* rend la position de Paulhan face au C.N.E. précaire, bien qu'il reconnaisse que s'il démissionne il y a le danger qu'il se trouvera 'abandonné de tous'.[56] Mais il n'était qu'une question de temps. Il y avait deux facteurs déterminants: le premier, une nouvelle demande au C.N.E. que le nom de Jouhandeau soit radié de la liste ('je vais [. . .] demander ta radiation de la liste noire — et démissionner du C.N.E. si elle m'est refusée')[57],

---

51 Lettre à Édith Thomas, *Choix de Lettres*, II, *op.cit.*, p.438.

52 Pour un résumé des contributions à ce débat voir Sapiro, *La Guerre des écrivains*, *op.cit.*, pp.616–618.

53 N'oublions pas que Boutelleau était le fils de Jacques Chardonne. Lettre citée par Sapiro, *ibid.*, p.616.

54 Voir Sapiro, *ibid.*, p.655.

55 Jean Paulhan, *Choix de lettres, III, 1946–1969, Le Don des langues*, par Dominique Aury et Jean-Claude Zylberstein revu, augmenté et annoté par Bernard Leuillot, Gallimard, Paris, 1996, p.32.

56 *Ibid.*, p.32.

57 *Ibid.*, p.36.

et le second, la publication dans *Les Lettres françaises* du 22 novembre d'une déclaration du Comité intituleé 'Pierre Benoit rayé de la liste noire'; l'article invoque des principes universels pour justifier tout acte d'excommunication:

> Les sanctions toutes morales prises par les écrivains du C.N.E. sont absolument indépendantes des décisions juridiques dont les écrivains et collaborateurs peuvent faire l'objet. [. . .] Il est bon que ces sanctions morales, qui ne partent ni sur les personnages ni sur leurs biens, ne soient pas limités à temps. Ni l'exécution d'un Brasillach, ni le suicide d'un Drieu ne peuvent effacer leur nom de la liste noire. La charte du C.N.E. ne permet pas aux membres de cette association de publier à côté d'hommes qui ne peuvent avoir payé qu'aux yeux de la justice, mais non point de la conscience humaine.

Le lendemain Paulhan démissionne et écrit à Aragon: 'Si je vous demande telle ou telle radiation, c'est donc que j'admets la légitimité, la justice de votre liste. Or je ne l'admets pas le moins du monde'.[58] La démission de Paulhan ne tarde pas à en entraîner d'autres, notamment celles de Duhamel, de Schlumberger, de Gabriel Marcel et des frères Tharaud en décembre. La réponse 'officielle' du C.N.E sera une lettre ouverte publiée dans *Les Lettres françaises* du 27 décembre, mais que Vercors répète dans un échange avec Paulhan au cours des jours précédents. Il voit dans ces démissions ce qu'il appelle des 'conséquences pratiques'. Le fait que 'les colonnes des journaux, des revues vont être ouvertes à des gens dont je me suis juré, une fois pour toutes, qu'eux ou moi devront se taire, me voici condamné au silence.'[59] Dans sa réponse Paulhan réitère son opposition à la liste noire, son soutien du 'droit à l'erreur' et son refus d'être juge ou policier. Trois jours plus tard Vercors lui envoie une lettre dont le ton accusateur malgré des protestations d'amitié et d'admiration est à peine modéré par une sorte de confession et de fausse modestie. Se disant de caractère 'faible et pitoyable', Vercors prétend qu'il a dû 'sans cesse [s]'entourer de barreaux, de blindages'. L'essentiel pour lui — et pour tous ceux qui ont fait partie du C.N.E — est de rester fidèle au serment fait en 1943: 'Il ne s'agit pas [. . .] de conscience humaine.

---

58 *François Mauriac et Jean Paulhan: Correspondance*, op.cit., p.265. Voir aussi Sapiro, *La Guerre des écrivains*, op.cit., pp.658,9.
59 Jean Paulhan, *Choix de Lettres, III*, op.cit., p.295.

Il ne s'agit d'aucun grand mot. Seulement d'une certaine fidélité, et de l'épreuve imméritée que vous lui faites subir (sans raison nécessaire ou suffisante), du moins j'en suis convaincu.'[60] Irrité semble-t-il par le ton de cette lettre Paulhan lui envoie sa propre accusation: 'Juges ni mouchards, bien sûr nous ne voulions pas l'être. Nous le sommes devenus (par la malice des choses, la lâcheté des hommes): et par là fascistes, de démocrates que nous étions. Ne voyez-vous pas tout le premier que l'on a fait de votre serment une machine d'oppression, de votre mystique une politique? [. . .] Nous ne sommes pas seulement des juges, nous sommes des juges injustes.'[61] Quatre jours plus tard la lettre ouverte de Vercors (que Paulhan a déjà lue) est publiée, adressée à Duhamel, Schlumberger, Marcel et Paulhan:

> En entrant [. . .] au C.N.E. nous avons tous signé une charte dans laquelle nous nous engageons à ne jamais nous trouver auprès de certains écrivains, complices de l'ennemi, dont une liste fut établie (par une commission dont l'un des vôtres, messieurs, faisait partie). Vous vous séparez de nous, aujourd'hui. Cela, pour tout le monde, voudra dire que désormais vous n'êtes plus de ceux qui se sont jurés intérieurement d'être fidèles, quoi qu'il arrive, à cette décision de ne jamais paraître aux côtés des écrivains qui ont applaudi au massacre des innocents. Et donc, à moins que vous ne précisiez publiquement et solennellement que votre démission n'entraîne en rien l'abandon de cet engagement, cela veut dire que, dans quelques semaines, les quotidiens et les hebdomadaires qui devaient, hier encore, renoncer à rien publier de ces écrivains qui n'eurent pas pitié des victimes (mais dont le talent attire les lecteurs) puisque c'était se priver du même coup de talents plus grands encore, vont enfin être soulagés de ce pénible dilemme, puisque vous levez vous-mêmes l'exclusive. Cela veut dire que ces journaux, que ces revues vont pouvoir ouvrir désormais leurs colonnes toutes grandes. Cela veut dire, en conséquence, que c'est nous, si nous voulons rester fidèles à nous-mêmes (et au souvenir de ceux qui sont morts), que vous condamnez du même coup au silence — ou au reniement. Ce choix, qui fut déjà le nôtre en 1940, celui de nous renier ou de nous taire, nous le voici donc imposé

---

60 *Ibid.*, pp.295,6.
61 *Ibid.*, p.40.

une fois encore. Mais, cette fois-ci, mes chers amis, c'est vous qui nous l'imposez.[62]

Ce même jour Vercors accuse Paulhan d'être indulgent et d'avoir donné 'des armes pour demain' à un nouvel oppresseur. Et les vacances de Noël et du Nouvel An n'accordent qu'un court délai à la dispute. Jean Cassou, dans *Les Lettres françaises* du 10 janvier soutient Vercors en insistant sur les origines du C.N.E. et sur sa neutralité fondamentale:

> Le C.N.E. n'est pas et ne doit pas être autre chose que cela, un groupement d'écrivains qui, fidèle aux principes de son action clandestine, refuse le contact des écrivains collaborateurs et, dans le *laissez faire, laissez passer* de la facilité revenue, maintient la mémoire d'une époque où tout honnête écrivain français a été amené à penser que sa fonction même d'écrivain français l'obligeait à des devoirs envers la France.

Mais le ton va s'élever. Le 16 janvier sous forme d'interview avec Jean Duché dans *Cavalcade* les démissionnaires ont l'occasion de s'exprimer. La réponse de Schlumberger résume en gros leur prise de position:

> Je tiens à affirmer que pour ma part, si je crois qu'il est temps de donner aux principes qui nous avaient réunis au C.N.E. une application plus nuancée, je ne penche nullement à une molle indulgence. Je ne considérerai jamais comme de simples jeux d'esprit les écrits qui ont contribué à démoraliser les Français dans un temps où il importait de soutenir à tout prix leur fermeté.

---

62 Il y a dans les archives du C.N.E. un compte rendu de la discussion à la seance du 17 décembre après la réception des lettres de démission de Duhamel, Marcel, Paulhan, Schlumberger et des frères Tharaud: 'Vercors fait remarquer que ces démissions en groupe et les raisons qui en sont données (désaccord sur les questions d'épuration et de révision de la liste noire) ayant été rendues publiques, faussement interprétées et commentées sans bienveillance dans divers journaux, il y a là un réel danger pour l'autorité morale du C.N.E. Ne conviendrait-il pas d'y répondre publiquement? Vercors propose au Comité Directeur d'écrire en son nom personnel, une lettre ouverte aux démissionnaires pour les mettre en face de leurs responsabilités.'

Mais Schlumberger écrit aussi:

> Si le C.N.E. s'était maintenu sur le plan des lettres, s'il n'avait pas essayé d'accaparer la Résistance au profit d'un parti politique, j'aurais pu ne pas approuver toutes ses décisions, mais je ne me serais pas senti continuellement utilisé à couvrir ses manifestations qui n'ont rien à voir avec une bonne discipline des lettres.

Du même avis surtout en ce qui concerne les listes noires, 'qui ne devrai[en]t porter qu'un tout petit nombre de noms' Marcel est plus direct. Le C.N.E. dit-il, est devenu 'un instrument de sectarisme politique [. . .]. Toute exclusive purement idéologique est inadmissible quand la guerre est finie. Mais l'esprit politique joue un tel rôle au C.N.E. que ce travail de discernement est impossible.' Comme on pouvait s'y attendre aussi la droite saisit l'occasion de profiter de la dispute. Dans un article non-signé publié dans *Paroles françaises* le 17 janvier nous lisons que le C.N.E. est devenu 'surtout la loi du plus fort et l'expression d'une singulière imposture, selon les procédés détestables qui furent chers aux Nazis, sans doute, mais qui dominent encore et limitent l'intellectualité aux pays soumis à la diabolique et sanglante barbarie de Staline.'

La question centrale de cette dispute reste celle de l'influence communiste et en particulier de la politique culturelle de Staline transmise par les essais de son ministre de la culture Andrei Zhdanov, adoptée et adaptée en France par Jean Canapa et Laurent Casanova.[63] Mais même si Paulhan continue à se disputer avec le C.N.E. il donne à la question une nouvelle dimension au fond de laquelle les concepts de patrie et de patriotisme jouent un rôle crucial qui trouvera sa pleine expression dans la *Lettre aux directeurs de la Résistance* cinq ans plus tard. Paulhan se délecte aussi à provoquer. Le 18 janvier 1947 dans un interview, encore une fois avec Jean Duché, dans *Le Figaro littéraire* et intitulé 'Romain Rolland a trahi en 1914 la cause de la France', Paulhan accuse l'auteur d'*Au-dessus de la mêlée* d'avoir trahi son pays lorsqu'il l'avait quitté pour s'installer en Suisse, 'comme son ami et disciple Châteaubriant devait la trahir en 1940.' La comparaison avec

---

63 Voir par exemple A. Zhdanov, *Sur la littérature, la philosophie et la musique* (Introduction de J. Duclos), éditions de la Nouvelle Critique, Paris, 1948; L. Casanova, *Le Communisme, la Pensée et l'Art*, Editions du PCF, Paris, 1947; J. Kanapa *Situation de l'intellectuel* et *Socialisme et Culture* (*Critique de la Culture*, t. I et II), éditions sociales, Paris, 1957.

un auteur dont le nom avait été un des premiers sur les listes noires était certaine de déchaîner des réactions fortes. La veuve de Romain Rolland, Marie Romain-Rolland, défend la mémoire de l'écrivain dans *Les Lettres françaises* du 1er février aussi bien que le C.N.E. Paulhan reprend l'essentiel de la controverse dans la première lettre ouverte aux membres du Comité qu'il fait 'ronéographier [. . .] à [ses] frais sur du mauvais papier'[64] — où il continue à insister que le message de Romain Rolland était désespérant et qu'il avait trahi la France. Bien qu'il n'en parle pas la question fondamentale que pose cette première lettre est celle du patriotisme.

Quelques semaines plus tard, le 15 mai, Paulhan envoie une deuxième lettre intitulée 'Le mensonge de Rimbaud' au C.N.E.[65] Dès la première ligne il adopte le ton (encore une fois) de l'homme raisonnable: 'Je n'ai pas le goût des polémiques. Je n'écris pas de pamphlets.' Mais le choix de Rimbaud — qui 'souhaite très fort que l'Ardenne soit occupée et pressurée de plus en plus immodérément' — était, comme celui de Romain Rolland, une provocation ouverte. Comme celles de la première, les origines de cette nouvelle lettre se trouvent dans des observations de Paulhan auxquelles Aragon répond dans *Les Lettres françaises* du 14 février. Cette lettre tourne encore une fois non seulement autour de la question du patriotisme, sans que Paulhan le nomme directement, mais devient une attaque contre Aragon avec son 'double jeu', ses 'compromis', sa 'mauvaise foi' et son 'arrivisme', et surtout son autoritarisme.[66] La dispute continue et au début du mois de juin la troisième lettre de Paulhan vise le rôle de juges que s'est accordé le C.N.E., non pour des raisons précises et concrètes mais 'au nom de la Conscience Humaine', ce qui lui confère une sorte d'autorité absolue. Un mois plus tard Paulhan, finalement, s'adresse à la question du patriotisme et de la patrie comme base ou principe des positions adoptées par le Comité.[67] Pour lui il n'y a pas d'équiv-

---

64 Jean Paulhan, *Choix de lettres, III, op.cit.*, p.50.

65 La deuxième lettre aux membres du C.N.E. sera publiée aussi dans *Combat*, le 23 mai.

66 Les rapports entre Paulhan et Aragon étaient déjà très tendus. Le 25 février il écrit à Monique Saint-Hélier: 'Aragon insiste beaucoup qu'on me mette sur la liste noire. On ne sait trop encore s'il y parviendra'. *Jean Paulhan — Monique Saint-Hélier, correspondance, 1941–1955.* Édition établie et annotée par José-Flore Tappy, Gallimard, Paris 1995, p.166. Voir aussi une lettre à Joë Bousquet: 'Aragon leur propose de me mettre sur la liste noire.' Jean Paulhan, *Choix de lettres, III, op.cit.*, p.170.

67 La quatrième lettre intitulée 'D'une singulière hypocrisie' sera publiée dans *Carrefour*, le 25 juillet. La première version datée le 6 juillet est reproduite en

oque: 'c'est la patrie à l'état brut, avant même la conscience que l'on en prend, avant la volonté que l'on forme de lui appartenir, de l'améliorer, de la défendre. D'un mot, la nation.' Sur ce point Paulhan et ses anciens collègues de comité sont d'accord. Mais le problème se révèle dès que la perception du concept 'patrie' change selon des circonstances historiques. Sous l'apparence d'une objectivité et d'une tolérance nouvelle Paulhan saisit l'occasion pour faire les premiers pas vers la position qu'il va adopter dans la dernière lettre et qui sera fondamentale à la *Lettre aux directeurs de la Résistance*. 'Comprenez-moi', leur écrit-il, 'Je ne vous reproche pas d'avoir varié [. . .]. Votre virement a certes ses raisons; au nombre desquelles, je le veux, la sincérité; je le crains, la nuance avantageuse du mot *patrie*.' Et la lettre se termine en une sorte de post-scriptum sec: 'Ah! Je me demande encore, je ne me demande pas sans anxiété, si votre idée de la patrie est aujourd'hui devenue si ferme et si juste qu'elle vaille la vie d'un homme, qu'elle vaille dix ans de la vie d'un homme, qu'elle vaille dix jours de la vie d'un homme.'

Finalement le 22 septembre Paulhan publie, toujours aux *Nouvelles Épîtres*, la dernière lettre qui sera reprise avec approbation par le journal de l'extrême droite, *Aspects de la France* le 10 décembre. Encore une fois Paulhan adopte le ton de sa propre insuffisance — 'Je ne suis pas un Politique' — et de fausse surprise: 'Vous allez penser sans doute qu'on me donne plus d'importance que je n'en ai, Ah, c'est bien mon avis.' Mais la lettre est un nouveau pas en avant. Paulhan répète les éléments et les arguments principaux des lettres précédentes mais passe ensuite à une description allégorique d'une France divisée entre les Rouges et les Blancs et par laquelle il essaie de montrer que, pour eux, le patriotisme a toujours été relatif et que derrière une façade de justice érigée ou par la gauche ou par la droite s'exprime le désir de vengeance. Après avoir fait référence aux cas de Béraud et de Maurras, Paulhan se livre à la critique qui soustend toutes ces lettres ouvertes:

> Je ne me mêle pas ici de politique, c'est votre hypocrisie qui m'ir-
> rite. Je crains de voir qu'elle gouverne toute votre Épuration,

---

facsimile dans la série *Les Nouvelles Épîtres*. Selon le contrat le but de cette collection était de reproduire des 'lettres inédites — en facsimilé — adressées sous enveloppes, comme des lettres ordinaires, à une élite de destinataires par des personnalités de premier plan, français ou étrangers. Moyen d'expression le plus direct de la pensée contemporaine dans tous les pays, les "Nouvelles Épîtres" doivent constituer l'instrument idéal d'échanges intellectuels et de rapprochements culturels internationaux, en même temps que des documents de l'époque.'

qu'elle en explique l'arbitraire et les tortures: une impudente confusion entre justice et vengeance, de braves gens abusés jetés au même sac que les crapules, les jurys d'exception qui crachent à la figure d'un accusé et ces fureurs partisanes où s'évanouit l'unité française.

Et il termine d'une manière même plus significative et accusatrice: 'N'allez plus me dire que vous êtes patriotes. Certes, je vous vois tout occupés à me démontrer que vous l'êtes. Mais vos preuves sont fausses; et vos témoignages truqués.'

Que la réaction à cette dernière lettre aux activités de Paulhan en général et surtout à la publication des *Cahiers* fut forte n'a rien d'étonnant. Julien Benda dans *Les Lettres françaises* essaie de donner l'impression d'être raisonnable: 'J'admets d'ailleurs fort bien qu'on exalte les écrits d'un traître, par exemple, d'un Brasillach, si on les trouve beaux (ce n'est pas mon cas), cependant qu'on le fusille comme traître.'[68] Pierre Lœwel dans *L'Ordre* (25 septembre) est plus direct:

On dit qu'en Allemagne les nazis relèvent la tête; pourquoi s'en priveraient-ils puisqu'en France ils peuvent en faire autant? Je ne sais à quelle dépravation d'esprit M. Jean Paulhan obéit en ouvrant ses colonnes à la Cinquième. Peut-être après tout, estime-t-il qu'il s'est trompé en collaborant à la Résistance. En ce cas, il fait bien les choses.

Un extrait de cette réponse sera publié dans *Les Lettres françaises* du 30 octobre où il sera précisé qu'elle est 'exactement celle du C.N.E.' Mais le plus virulent de tous peut-être est un article signé Le Cyclope dans *L'Humanité* du 1 octobre qui vise en particulier les *Cahiers*: 'Fascistes, collaborateurs, miliciens de la plume, convaincus, adressez vos textes aux nouveaux cahiers du fascisme.' Et pour clore l'année 1947 Claude Morgan publie dans *Les Lettres françaises* du 25 décembre, 'La grande conspiration contre la France', une espèce de bilan des événements de l'année précédente et une mise au point de la position du C.N.E.

---

68 N'oublions pas que Paulhan avait écrit à Armand Petitjean que Brasillach avait mérité la mort, qu'il avait été coupable d' 'intelligences avec l'ennemi' dans 'le sens fort: prendre langue avec l'ennemi, et *s'entendre* avec lui ce que l'on fera.' (Jean Paulhan, *Choix de lettres, II, op.cit.*, p.403. C'est Paulhan qui souligne.)

Pendant la résistance nous ne supposions pas que tant de nos compagnons retourneraient aux mensonges dont l'action héroïque les avait un moment arrachés. Les mêmes mensonges. Les mêmes arrières. Le même égoïsme. Les mêmes lâchetés.

Mauriac a trahi ses camarades de la résistance. C'était le prologue de Beauregard. Paulhan, en faisant semblant de jouer, a opéré un savant retournement stratégique. C'était le signe avant-coureur de la loi d'exception qui ne pouvait naître que de la conjonction entre les traîtres d'hier et les renégats de maintenant.

De sa part Paulhan continue à manœuvrer. Il a déjà commencé à publier dans les *Cahiers de la Pléiade* des articles sous le titre général de 'De la paille et du grain' qui sont regroupés et édités chez Gallimard en février 1948. Le volume contient non seulement les cinq lettres ouvertes légèrement remaniées mais aussi, en appendice, 'Trois notes à propos de la patrie' datées de 1947 et qui allaient paraître dans *La Table ronde* en janvier 1948. Dans ces notes Paulhan se défend contre les attaques qu'il avait reçues, répond en particulier à Julien Benda et Claude Morgan et prend l'occasion de souligner à nouveau 'qu'il existe, par-delà vos [les membres du C.N.E.] astuces et tricheries, *quelque chose* de véritable, qui est la patrie.'

Pour la droite la réception de *De la paille et du grain* est favorable. André Thérive dans les *Paroles françaises* écrit:

> *La Paille et le grain* [sic], c'est le dernier libelle de M. Jean Paulhan, lequel mériterait une place éminente dans l'histoire des pamphlets si l'auteur ne s'en cantonnait, selon son habitude, dans une discrétion sournoise et féline, dans l'allusif et l'évasif. Les coups fourrés qu'il porte ne sont que plus meurtriers. On trouvera dans ce petit livre, farci d'ironie et bourré de cruauté généreuse, de célèbres articles sur les camarillas d'écrivains épurateurs de leurs confrères, sur le récent chauvinisme de certains patriots ou le néopatriotisme de certains immigrés.

Par contre l'hostilité de la gauche est facile à prévoir. Déjà à la suite de la controverse autour des lettres ouvertes les directeurs des *Lettres françaises* avertis sans doute aussi du contenu de *De la paille et du grain*, ont retiré le nom de Paulhan de la manchette du journal. Morgan l'explique le 29 janvier dans un article, 'Paulhan a franchi le Rubicon':

> Non, nous ne pouvons accepter, même par complaisance, de voir

ce nom désormais terni à côté de celui de Jacques Decour. Non, aucun honnête homme, si indulgent soit-il, ne saurait plus pardonner à Paulhan sa mauvaise action qui n'est pas l'effet du hasard mais répond, au contraire, à un calcul politique.

La réponse de Paulhan est immédiate. 'Cela me paraît une décision très sage. En tout cas, c'est une décision qui me plaît. Il y a beau temps que je n'ai plus la moindre fierté d'avoir fondé les *Lettres françaises*' (*Le Figaro littéraire*, le 31 janvier 1948).

Parmi les comptes rendus du livre lui-même si celui de Robert Kanters dans le *Spectateur* (le 18 mai) est assez anodin ('M. Paulhan est un mauvais plaisant qui a beaucoup travaillé à obscurcir les rapports de la pensée et du langage'), celui de Martin-Chauffier dans *Les Lettres françaises* (le 13 mai) est plus direct: 'nous assistons à un retour offensif et arrogant de ceux qui se pensent lavés par l'oubli du passé et se prétendent persécutés, parce que nous gardons nos portes closes devant eux.' Et dans le même numéro Claude Aveline ne prend pas de gants en lançant une attaque personnelle. Il accuse Paulhan de penser 'tout simplement à autre chose qu'à ce qu'il dit' et de mauvaise foi. S'il a refusé jusqu'ici, dit Aveline, de participer publiquement à la dispute entre Paulhan et le C.N.E., il publie maintenant un échange de lettres dont la dernière est cinglante. Paulhan lui donne, écrit-il

> une nouvelle preuve de mauvaise foi par le parallèle *Au-dessus de la mêlée* — *Gerbe des forces*. Car l'un a été dans la guerre, le simple cri d'une conscience bouleversée, tandis que l'autre a chanté dans la paix, *avant* une nouvelle guerre, la gloire d'un tyran et d'un régime qui méritaient de tout vaincre, à commencer par nous. Mais le reste, qui présentait quelque importance, il me semble? Le désir de réimprimer des collaborateurs, la démission du C.N.E vidée de son pseudo-motif: cette fameuse liste noire [. . .]. Le soupçon assez cruel pour soulever (je l'espère) la colère, la révolte d'avoir fait de la Résistance par goût de la contradiction?
> Rien. Le plus parfait silence.

Mais quelles que soient les réactions — ou peut-être à cause d'elles — Paulhan n'en démord pas, et il semble même possible que dès l'été de cette année, les premières idées d'une nouvelle 'lettre' ou d'un pamphlet aient commencé à prendre forme.

Lettre au directeurs de la résistance

Même si nous ne savons pas le moment précis où Paulhan a finale-ment décidé de se lancer dans la rédaction de la *Lettre* il y a au moins deux indices en particulier qui nous permettent de la voir comme la suite naturelle des lettres ouvertes du C.N.E., et dans sa forme et dans son contenu. Le premier est un compte rendu de *De la paille et du grain* dans le *Mercure de France* du 1er juin 1948, dont le critique (qui signe son article S.P.) cite Paulhan: 'Je n'écris pas de pamphlets [. . .], à peine plus que Paul-Louis Courier.' Le second est la publication la même année de la *Lettre ouverte à Messieurs les Présidents des Cours de Justice* de Servus Juris, pseudonyme de Michel Brille, avocat et ancien député de la Somme.[69] Brille avait été aussi de ceux qui avaient voté les pleins pouvoirs au Maréchal Pétain le 10 juillet 1940 et est resté un partisan dévoué de l'ancien chef d'état.

Il se peut que Paulhan ait déjà connu les œuvres de Courier mais de toute façon elles allaient paraître en 1949 dans la collection 'La Bibliothèque de la Pléiade' dont il était à l'époque directeur. Anne Simonin a déjà suggéré que Paulhan s'est inspiré d'un des pamphlets de Courier, 'Pétition aux deux chambres' de 1816.[70] Dans ce pamphlet Courier proteste contre les excès de la Terreur blanche en Touraine qui se manifestaient, par exemple, par l'arrestation des gens qui avaient 'mal parlé du gouvernement', par l'enlèvement des 'malheureux sans leur dire de quoi ils étaient accusés, ni le sort qui les attendait', et par le fait qu'on 'défendit à leurs proches de les conduire, de les soutenir jusqu'aux portes des prisons.' L'indignation de Courier dans ce pamphlet est dirigé contre tout abus d'un pouvoir qui va au-delà de celui d'office. Il insiste sur le fait que 'les auteurs de ces violences ont assurément des motifs autres que l'intérêt public.' Dans tout ceci l'influence potentielle de l'argument de Courier s'avère claire et nette. Mais il y en a aussi, me semble-t-il, une autre. Humaniste célèbre, Courier se plaint dans une 'lettre à Messieurs de l'Académie des inscriptions et belles lettres' (1819) qu'il a été exclu de l'Académie

---

69 Éditions André Bonne, Paris, 1948.

70 '*La Lettre aux directeurs de la résistance* de Jean Paulhan. Pour une rhétorique de l'en-gagement', dans *Les Écrivains face à l'histoire (France, 1920–1996)*, sous la direction d'Antoine de Baecque, Bibliothèque publique d'information, Centre Georges Pompidou, Paris, 1998, pp.45–69. Les deux pamphlets de Courier dont il est ques-tion ici sont reproduits en Annexe II. Voir aussi *Paul-Louis Courier, Œuvres complètes*, texte établi et annoté par Maurice Allem, Bibliothèque de la Pléiade, Gallimard, Paris, 1951, pp.3–11 et pp.272–284.

(aux élections il n'a pas reçu une seule voix) et d'autres avec lui pour des raisons qui n'ont rien à voir avec leur statut de savants, mais qui sont entièrement sociales et politiques. Tout comme le début de la 'Pétition aux deux chambres' — le 'Je suis Tourangeau' anticipe le 'Je suis résistant' de la *Lettre* de Paulhan — les premières phrases de la 'Lettre à l'Académie' auraient pu être de Paulhan dans ses relations avec le C.N.E. presqu'un siècle et demi plus tard: 'C'est avec grand chagrin, avec une douleur extrême que je me vois exclu de votre Académie, puisque enfin vous ne voulez point de moi. Je ne m'en plains pas toutefois.' Si pour Paulhan, comme nous l'avons vu, être membre du C.N.E. signifiera de plus en plus être adhérent inconditionnel du P.C.F. — ou du moins de la politique culturel du parti — au point où le vrai talent est refusé, pour Courier être académicien voulait dire être noble: 'Rien n'est plus simple que cela: un gentilhomme de nom et d'armes, un homme comme M. le vicomte, est militaire sans faire la guerre, de l'Académie sans savoir lire.'

S'il semble évident donc que pour le ton et la verve de sa *Lettre* Paulhan est du moins en partie redevable à Courier, pour le contenu il y a la lettre de Michel Brille. Nous ne savons pas si Paulhan en a pris conscience en 1948 mais le 10 décembre 1950 et sur les conseils d'André Thérive il écrit à Brille: 'Je voudrais montrer dans un très bref pamphlet, qu'il n'est pas un seul des jugements portés, depuis la Libération, des "collaborateurs", qui puisse honnêtement être considéré comme *juste*.'[71] Et Paulhan ajoute que le fait que 'les jurys étaient composés, pour une grande part de communistes', créa une situation 'dans laquelle l'impartialité et la justice étaient impossibles.'[72] Nous ne savons pas si, à la suite de cette lettre, Paulhan a pu consulter personnellement Brille, mais il semble probable que l'avocat lui a offert des conseils. Non seulement l'argument de Paulhan rappelle celui de Brille, surtout dans la première partie de sa *Lettre*, mais certaines tournures de phrases sont presque identiques.[73]

Brille résume l'objectif de son pamphlet dès la première page:

---

71 Jean Paulhan, *Choix de lettres, III, op.cit.*, p.89. Voir aussi Simonin, *art.cit.*, p.52.

72 Pour l'étude du plus célèbre des procès, celui de Robert Brasillach, voir Alice Kaplan, *The Collaborator. The Trial and Execution of Robert Brasillach*, University of Chicago Press, Chicago and London, 2000.

73 Il semble possible que les deux hommes se soient écrit, même s'il ne se sont pas rencontrés, mais les archives Paulhan ne contiennent aucune correspondance qui prédate la publication de la *Lettre*.

Cet ouvrage démontre que:

Juridiquement *le gouvernement du maréchal Pétain fut le seul légal, du 18 juin 1940 au mois d'août 1944;*

Juridiquement *ce gouvernement était seul en droit de juger si des poursuites contre des Français pouvaient être intentées en vertu des articles 75 et suivants pour les actes qu'ils ont pu commettre entre le 16 juin 1940 et le mois d'août 1944;*

Juridiquement *les présidents des cours de justice n'avaient pas le droit de rendre les arrêts qu'ils ont prononcés;*

Juridiquement *tous les arrêts rendus depuis août 1944 sont entachés de nullité;*

Juridiquement *les lois pénales et le droit français furent systématiquement violés.*

Dans les 112 pages qui suivent cette déclaration Brille attaque vigoureusement les Présidents des cours de justice établies sous l'épuration d'avoir abandonné leurs principes d'indépendance, d'objectivité et d'impartialité et d'avoir trahi 'la tradition judiciaire française.'[74] Dans le langage d'un juriste, avec des arguments détaillés et parfois répétitifs, Brille rappelle que le gouvernement de Pétain était légal et légitime, et reconnu par la grande majorité des Français. Qu'il y a eu un changement de régime politique après la Libération ne diminue en rien cette légalité; même pendant quatre ans d'occupation allemande l'intégrité du droit français n'a jamais été compromise. Il s'ensuit donc qu'un 'gouvernement devenu légal en 1944 ne peut qualifier d'illégal un acte commis avant cette date, si le gouvernement qui le précédait estimait cet acte légal.'[75] Ailleurs et pour les mêmes raisons Brille prétend que l'article 75 du Code pénal qui traite de la trahison et qui est invoqué par les cours de l'épuration, ne peut 'en aucun cas s'appliquer aux Français pour la période allant du 16 juin 1940 au mois d'août 1944'.[76] (Paulhan dira la même chose.) Brille s'attaque aussi à l'idée, si souvent citée dans les cours, de l'erreur criminelle qui est, dit-il, non seulement 'un non-sens juridique' mais aussi, 'jamais intentionnelle'.[77] Et pour illustrer la différence entre le crime et l'erreur il cite, parmi plusieurs exemples, celui des écrivains:

---

74 Brille, *op.cit.*, p.21. Son adresse accusatrice aux Présidents est reproduite en Annexe I.

75 *Lettre ouverte à Messieurs les Présidents. . .*, *op.cit.*, p.72.

76 *Ibid.*, pp.17,18.

77 *Ibid.*, pp.88,9.

> Croit-on vraiment que des hommes comme Robert Brasillach, Georges Suarez ou Abel Hermant, pour n'en citer que trois, aient eu une seule fois, 'l'intention' de commettre un crime? Il est sûr que non: il est de même certain qu'ils croyaient avoir le droit d'écrire ce qu'ils ont écrit et qu'en conséquence ils ne commettaient aucun crime.
>
> Mais celui qui assassinait un Français, celui qui, en dénonçant un Français, devenait le complice de sa déportation et, partant, le complice de sa mort, savait qu'en France le complice est punissable des mêmes peines que l'auteur principal. Ces actions sont prévues par le code pénal [. . .] il n'est guère difficile de savoir ce qu'est un assassin, un cambrioleur.
>
> En outre Brasillach, Hermant, Suarez, ont-ils commis 'des actes non approuvés' par le gouvernement local de 1940–1944? Toute la question est là [. . .] ces actes n'étaient répréhensibles que s'ils étaient 'commis contre le gouvernement' ou 'contre la volonté de celui-ci'.[78]

Comme nous l'avons dit l'argument du pamphlet de Brille est fondé premièrement sur le principe de la légalité du gouvernement de Pétain (et de Laval) et deuxièmement sur l'inviolabilité du droit français, trahi maintenant par la faiblesse d'une grande majorité des Présidents des cours de justice sous une épuration qui n'a été qu'une 'opération de sectaires et de partisans.'[79]

Si, du moins à première vue, les dimensions et l'envergure de la *Lettre* de Paulhan sont moins grandes et moins ambitieuses, le ton et le style de ce qu'il écrit sont plus directs et plus personnels. Pour citer Simonin, Paulhan 'enferme son lecteur dans un registre affectif auquel il est d'autant plus difficile d'échapper que l'argumentation présente tous les signes extérieurs de la scientificité, comme l'atteste le recours aux notes en bas de page.'[80] La plus grande partie de la *Lettre* se lit comme une conversation. Paulhan attribue des phrases à ses lecteurs, il anticipe, il laisse tomber momentanément ce qu'il va développer ou donne l'impression d'accepter un autre point de vue. Son langage est souvent familier et il se sert librement de l'exclamation, de l'ironie, de

---

78 *Ibid.*, p.82.

79 Voir aussi *ibid.*, p.48: 'Il n'appartient à personne de donner aux mots employés dans le langage juridique la signification de son choix.'

80 Voir Simonin, *art.cit*, p.47. Voir aussi Marc Angenot, *La Parole pamphlétaire. Typologie des discours modernes*, Payot, Paris, 1982.

la dérision et même de l'argot et de l'humour. Il est provocateur et même brutal. Nous sommes loin de ce qu'il a dit dans *Combat* le 23 mai 1947: 'Je n'ai pas le goût des polémiques. Je n'écris pas de pamphlets.'

Bien que le manuscrit de la *Lettre* ne porte pas de date Paulhan a dû de toute évidence l'écrire en 1951. Claude Mauriac raconte dans son journal comment Paulhan lui a rendu visite le 7 décembre, lui a lu la *Lettre* et a proposé qu'elle soit publiée dans *Liberté de l'Esprit*, revue dont Mauriac est le directeur et qui était patronnée par De Gaulle.[81] 'Je crois deviner qu'il aimerait avoir l'avis du Général', écrit Mauriac. 'De toute façon, *Liberté de l'Esprit* est la seule revue, me dit-il, où il conçoit que son article puisse décemment, honorablement, paraître. Si je ne le prends pas, il le publiera en plaquette aux "Éditions de Minuit."' Claude Mauriac, quant à lui, n'est pas enthousiaste, trouvant la *Lettre* 'trop souvent scandaleuse'. Le lendemain de cette rencontre Paulhan lui écrit:

> J'ai beaucoup songé à ce petit article depuis un an. Et bien sûr, je crois qu'il est vrai. Mais je crois aussi qu'il peut être *efficace*: rien ne s'oppose plus fortement à la réconciliation de Français qu'une certaine satisfaction pharisienne des Résistants dont Vercors offre l'exemple le plus éclatant (celle que je tâche justement de dénoncer). Je serais bien content que le Général prît la question *aussi* de ce côté.'

Toujours selon Claude Mauriac, De Gaulle a lu la *Lettre*, a voulu faire savoir à Paulhan qu'il s'était trompé 'quant aux chiffres des condamnés (ou des victimes de jugements sommaires)' et aussi qu'il y avait une 'différence entre la légalité et la légitimité'. Il ne l'a pas approuvée. Il semble peu probable qu'à ce moment-là, Paulhan eût déjà parlé à Jérôme Lindon, le jeune directeur des Éditions de Minuit, mais qu'il envisage plutôt de publier son pamphlet dans *Arts*, la revue de Louis Pauwels.[82] Averti déjà sans doute du contenu de la *Lettre* Pauwels réunit chez Édith Thomas le 29 décembre à 17:00 un groupe d'anciens résistants: sont invités, Mauriac, Camus, Debû-Bridel,

---

81 Paulhan avait déjà sa lettre, paraît-il, à *La Table ronde* et aux *Temps modernes*. Voir Simonin, *Les Éditions de Minuit, 1942–1955*, IMEC Éditions, Paris, 1954, p.400.

82 Selon une note sans date trouvée dans leurs archives Paulhan aurait proposé aux Éditions Gallimard 'un petit pamphlet qu'il faudrait tirer à 15.000 ou 20.000 [exemplaires]' (voir Simonin, *art.cit.*, p.51). Gallimard, lui aussi, l'a refusé.

Malraux, Blanzat, Vercors, Cassou, Chamson, Guéhenno, Merleau-Ponty, Sartre, Duhamel et Claude Roy. Qu'il agit avec prudence est clair: 'Ce texte est intitulé: *Lettre aux directeurs de la Résistance* et remet en question un certain nombre de valeurs au nom desquelles vous avez combattu. M. Paulhan et M. Pauwels souhaiteraient avoir votre appréciation avant la diffusion publique de cet article.'[83] Rien dans les archives Paulhan confirme le nombre présent, mais d'après ses propres notes il semble probable que plusieurs d'entre eux se sont absentés et peut-être pour les mêmes raisons que Jules Roy qui note l'absence d'écrivains communistes et publie son refus dans *Les Lettres françaises* du 27 décembre:

> L'invitation [. . .] montre que le goût de la provocation chez Jean Paulhan est consistent, mais la qualité de ses ruses ne l'est pas. [. . .] Le caractère même de cette invitation est celui de toutes les activités de Jean Paulhan depuis quelques années: division.
> Ni mes amis, ni moi serons dupes de cette misérable opération.

Il se peut qu'en l'occurrence la lecture de la *Lettre*, que Pauwels à son tour a refusée, ait suscité un débat vif, mais encore une fois les quelques notes de Paulhan n'indiquent que des observations prévisibles et même assez banales. Tout de même Paulhan reconnaît qu'il a pu avoir tort:[84] 'Non, je ne suis pas sûr d'avoir raison, mais ce que je vois avec évidence (ce qu'il me suffit très bien de voir) c'est que mes adversaires ont tort.' Et il souligne aussi — ce qui rappelle l'argument de Brille — les questions du rôle des cours et de l'interprétation de la justice:

> C'est à peu près qu'une nation périclite et s'effondre, quand l'esprit de la justice se retire d'elle. Ce serait aussi bien qu'un innocent condamné est l'affaire de tous les honnêtes gens. [. . .]
> Il ne me semble pas non plus qu'il en ait apporté contre ce qui était précisément mon sujet, d'une part que pour juger un bourreau en toute indépendance et en toute équité, il ne faut pas s'adresser à sa victime; il vaut mieux ne pas s'adresser non plus à ses concurrents: à d'autres bourreaux. C'est d'autre part qu'un magistrat forfait à son devoir quand il fausse et déforme le code

---

83 Pour le texte de la lettre d'invitation à la réunion, voir Simonin, *Les Éditions de Minuit*, *op.cit.*, pp.400,1.

84 Notes conservées dans les archives Paulhan.

qu'il est chargé d'appliquer. C'est enfin que la rencontre de la forfaiture du magistrat, de la félonie/prévarication des jurés ne peut avoir qu'un effet: la condamnation de l'innocent.

A la vérité, je vois bien que l'on nous a proposé depuis six ans diverses conceptions de la justice dont il résulterait que l'innocent peut fort sagement et sur d'excellentes raisons en certains cas être exécuté. Je le veux bien. Pourtant si je m'en défie un peu c'est que — si ingénieuses soient-elles — elles me paraissent inventées pour la circonstance: philosophies d'exception, comme il est des lois d'exception. Elles ne me persuadent pas tout à fait que l'injustice paraisse par grande exception de nos jours être juste; ni la justice injuste. Bref, si excellentes soient-elles ce ne sont pas des raisons par lesquelles passe l'équité.

De telles réflexions suggèrent que Paulhan soit surtout préoccupé par la question abstraite de la justice, ce qu'il traite dans les premières pages de la *Lettre* où il reprend les arguments de Brille. (Il reconnaît 'l'excellent écrivain, qui signe *Servus Juris*' dans une note (p.47).)[85] A son tour Paulhan prétend que ceux qui ont été accusés de collaboration auraient dû être jugés par des tribunaux établis sous le gouvernement de Pétain: 'un seul Gouvernement, celui du Maréchal, avait qualité pour juger des trahisons commises' (p.47). Mais c'est aussi dès les premiers mots que Paulhan vise ceux qui, selon lui, sont les vrais coupables. Au fond il s'inquiète moins des Présidents des cours — ou des magistrats — que des Résistants et surtout de ceux qui, depuis l'épuration, 'sont infidèles [. . .] aux principes qui les avaient guidés dans la Résistance' et qui ont créé autour d'eux une sorte de 'démagogie résistante'.[86] Malgré des échos des pamphlets de Courier et de celui de Brille il semble évident donc que les 'Directeurs' à qui Paulhan s'adresse sont ceux de ses anciens collègues communistes au C.N.E. qui avaient été membres de son comité directeur. Paulhan, surtout dans la dernière partie de la *Lettre*, les accuse très directement d'être coupables de leur côté aussi de collaboration, d'avoir abdiqué leur indépendance intellectuelle et leur sens de justice sur l'ordre du Parti, parce que 'le Parti le leur avait dit' (p.53). Bien

---

85 La page de titre du premier brouillon de la *Lettre* porte aussi la phrase: 'Il n'y a pas eu de justice' qui l'associe assez étroitement avec le pamphlet de Brille.

86 Notes manuscrites dans les dossiers établis sur la *Lettre*. Archives Paulhan. Paulhan a écrit aussi: 'le Résistant était moral. C'est qu'il agissait d'abord par vertu.' La page de titre manuscrite porte aussi les deux premiers titres potentiels de la *Lettre*: 'La félonie des Résistants' et 'Lettre aux Directeurs sur l'Épuration'. Voir p.34.

entendu de telles accusations ne contiennent rien de nouveau, nous les avons trouvées dans les dernières lettres ouvertes. Mais ici derrière les mêmes protestations de neutralité et d'ingénuité ('Je constate des faits. Je ne cherche pas à juger personne' (p.52)) Paulhan ne saurait être plus hostile, faisant une comparaison directe avec les fascistes:

> Ils se ressemblaient jusque dans l'impatience. Peut-être même (si je puis dire) ceux-ci étaient-ils plus ressemblants encore que ceux-là. Certes les *Lettres françaises* répliquent exactement à *Je suis*

Manuscrit de la page de titre.

Partout; la *Nouvelle Critique* à *Combat*. Ce sont les mêmes arguments, c'est la même ardeur; ce sont parfois les mêmes écrivains, qui ont changé de visée, non pas de sujets ni de méthode. C'est le même vaste parti qui les suit et ne veut à son tour penser que par eux. (p.52)

Il en résulte que la justice a été faussée, même corrompue; ceux qui auraient dû être jugés d'une façon impartiale sont des victimes politiques, condamnés à l'avance 'pas pour avoir aidé l'Allemagne' mais 'pour s'être opposés à la marche en avant du Progrès: à l'Histoire elle-même' (p.54).[87]

Si la violence du texte était donc indéniable, son impact (bombe, pétard. . .)[88] fut même plus remarquable, parce que 'signé par un Résistant, publié par une maison d'édition née dans la Résistance, [il] a légitimé un discours jusque-là diffusé par l'extrême droite.'[89] Et la presse de la droite n'a pas tardé de signaler son approbation de la *Lettre*. André Froissard dans *Aurore* le 1er février remercie Paulhan d'avoir démasqué 'la gigantesque tartuferie de l'épuration'. Dans *Aspects de la France* du 25 janvier Michel Mourne saisit l'occasion pour accuser à son tour les 'directeurs': 's'ils avaient eu pour eux, pour leur système, le moindre droit, la moindre justice, la moindre légitimité, la lettre de Jean Paulhan ne les eût point mis tant en colère.' *Rivarol*, rappelant le pamphlet de Brille et les premières pages de celui de Paulhan, est plus direct encore:

On a mystifié la France en lui faisant croire qu'elle avait nourri des centaines de milliers de traîtres dans son sein, alors qu'il n'y en avait pas eu mille.

[. . .]

Alors qu'il n'y avait pas mille traîtres, au vrai sens de ce mot prostitué, et que les autres avaient manifesté pendant quatre ans toutes

---

87 Voir aussi Aimé Patri, 'Paulhan et la Résistance', *Monde nouveau*, avril 1952, p.37: 'dans bien des cas on a cédé, au lendemain de la Libération, au vieux réflexe du talion. Les raisonnements moraux ou juridiques de beaucoup de résistants ont été à courte vue: il s'agissait d'agir vis-à-vis des 'collabos' comme ils avaient eux-mêmes agi vis-à-vis des résistants et souvent avec aussi peu de discrimination, car dans les deux cas de parfaits innocents ont payé pour ceux qui auraient pu se déclarer authentiquement responsables.'

88 Voir plus haut, p.2

89 Voir Simonin, *art.cit.*, p.64. Pour le rôle de Lindon dans cette affaire voir Simonin, *Les Éditions de Minuit*, *op.cit.*, pp.407–410. Avant avril 1952 la *Lettre* a atteint un tirage de presque 10.000.

les formes du dévouement à la nation, représentée par son gouvernement légal.[90]

Ailleurs il y avait des voix, notamment celle de Gabriel Marcel, lui-même ancien membre du C.N.E. dans *Le Figaro littéraire* qui essayait d'être moins partisan et de relativiser les choses:

> Il me paraît effrayant qu'en 1952, sept ans après la Libération, l'imposture qu'il stigmatise ne puisse encore être dénoncée sans que d'honnêtes gens se bouchent les oreilles et poussent les hauts cris. Quel inconcevable aveuglement!
>
> Je trouve d'autre part incroyable qu'on n'ose accuser Paulhan de palinodie, alors que son attitude est au contraire d'une cohérence exemplaire: c'est parce qu'il a eu sous l'occupation le courage que l'on sait qu'il avait pleinement le droit d'écrire cette lettre. On a prétendu faussement que celle-ci constituait une condamnation de la Résistance. Il n'en est rien, je suis absolument certain que Paulhan ne songe pas à renier son passé: il est même déjà tout prêt à reprendre la lutte le jour où il le faudra contre les nouveaux collaborateurs.

Et il y en avait d'autres encore sans doute qui étaient plus ou moins du même avis que Paulhan mais qui préféraient ne pas s'engager dans une polémique. François Mauriac qui semblerait être son interlocuteur idéal s'est éclipsé dans une lettre une semaine après la lecture 'publique' de la *Lettre*.

> Aujourd'hui, quoique vous en pensiez, les prisons sont à peu près vides des faux coupables: nous nous trouvons, en outre, en face d'une contre-offensive très organisée, qui semble disposer de très grandes ressources, qui a toute une presse à sa disposition et qui bénéficie de ce que, sur l'échiquier électoral, comme aussi au Parlement, les partis se disputent l'appoint de ces voix de droite. Porter de l'eau à leur moulin me paraît une faute contre la justice, car cela ne va à rien moins qu'à donner une revanche à Vichy.

Et il lui rappelle à juste titre que le sentiment qui l'inspire, il en a 'été [lui-même] possédé pendant plusieurs années'.[91] Est-ce pour ces

---

90 L'article du 15 février 1952 est signé 'le Matricule Untel'.
91 Voir *François Mauriac et Jean Paulhan: Correspondance, op.cit.*, pp.295,6. Voir aussi plus haut pp.7,8.

raisons aussi que Mauriac n'a pas répondu publiquement à Paulhan dans les pages du *Figaro*? Une lettre inédite de Pierre Brisson, directeur du journal et proche de Mauriac, nous donne peut-être une idée de la réaction de la part de l'équipe éditoriale:

> J'ai été suffoqué [. . .] j'ignorais tout de cette opération qui vous transforme soudain en protecteur de ce que j'espère le plus au monde: ces bandes de maurrasiens et de gringoiristes qui ont la haine aux yeux, le venin dans la bouche et qui poussent triomphalement le pays aux ordures. On sait ce qu'il entre de paradoxe dans votre pensée. Mais tout de même, fournir à cette tourbe l'appui d'un pareil texte, d'autant plus pernicieux, d'autant plus exploitable qu'il contient, bien entendu, beaucoup d'exactitudes! Faire cela à une époque où vous voyez de néo-nazismes renaître de toutes parts avec allégresse [. . .]! Vous Paulhan, fournir cette couverture à des hommes que vous méprisez et dont toute l'attitude renie ce que vous êtes [. . .]. Je vous le dis avec véhémence et stupeur.[92]

Quoi qu'il en soit Mauriac ne participe pas publiquement[93] au débat, cédant la parole à Martin-Chauffier.[94]

La *Lettre* paraît le 10 janvier. Sans doute parce qu'il savait déjà la réaction qu'elle allait provoquer, Paulhan accepte l'invitation de Lily et Paul Pilotaz et part, une semaine plus tard (le 18 janvier) accompagné de Dominique Aury pour un séjour de plusieurs semaines en Guinée. Il ne s'est pas trompé. La réaction immédiate, déclenchée le 2 février par Martin-Chauffier dans le *Figaro littéraire*, est violente. Si, en tant que président du C.N.E. Martin-Chauffier n'a pas pris la parole aux séances du comité dans les débats qui ont dû être provoqués par la *Lettre*,[95] son article ne cache rien de sa colère ou de son

---

92 Lettre dans les archives Paulhan citée dans Verdès-Leroux, *Refus et violences, op.cit.*, p.415.

93 Le 20 mars 1952 pourtant il écrit à Paulhan: 'je vous reproche de n'être intervenu que pour jeter du vitriol sur cette blessure' (*François Mauriac et Jean Paulhan: Correspondance, op.cit.*, p.304). Une année plus tard il évoquera dans son bloc-notes du 8 février 1953 un 'certain tour que [Paulhan] nous a joué au dernier moment'. *Bloc-notes*, édition établie, présentée et annotée par Jean Touzot, Seuil, 1993, t. I, p.50.

94 L'article de Martin-Chauffier est reproduit pp.87–90.

95 Le compte rendu de la séance du C.N.E. du 25 mars note: 'Paulhan aurait souhaité sans doute s'attaquer à Martin-Chauffier en tant que président du C.N.E. et c'est pour ne pas lui en fournir prétexte que le Comité Directeur s'est abstenu de réagir.'

amertume. Pourtant il n'est pas difficile de comprendre la position de Martin-Chauffier qui accuse Paulhan de 'sophismes maurrassiens', de 'tricher avec un air franc' et d'être opportuniste. Même s'il a été des premiers résistants, Paulhan a toujours eu ses 'meilleurs amis [. . .] sur l'autre rive', et pire, s'il a fait de la résistance, c'était pour 'jouer au héros sans croire courir trop de risques' et 'pour pouvoir écrire plus tard quelques petits livres de l'espèce de [la *Lettre*], pour la réjouissance de ceux de l'autre rive, que vous rejoindrez enfin.' Bref, Paulhan n'a jamais rien compris aux vrais résistants parmi lesquels il était un 'étranger', et maintenant que l'Occupation est terminée il ne comprend rien — ou ne veut rien comprendre — de la situation actuelle. Pour Martin-Chauffier, Paulhan est un renégat.

Probablement de la même époque est la lettre de Raymond Lindon, père de Jérôme, directeur des Éditions de Minuit. Si la lettre ouverte de Martin-Chauffier contenait des attaques plutôt personnelles, celle de Lindon et de quelques juristes est plus objective. Bien qu'ils acceptent que l'épuration ait été loin d'être parfaite et que la justice absolue soit impossible, l'esprit de la résistance et le rôle joué par des résistants dans les procès ont empêché la situation de s'empirer et, 'Code en main' leur lettre démantelle systématiquement les arguments de Paulhan.[96] Ajoutons à ces deux réactions à la publication de la *Lettre* celle d'Elsa Triolet et nous avons la gamme complète de la voix de l'opposition.

A son retour de son voyage Paulhan fait de son mieux pour répondre. Il insiste que Martin-Chauffier l'a mal compris et que son article contient 'pas mal d'erreurs' et que son intention n'est pas de parler de la Résistance de la période 1940–1944 mais de l'épuration. Il se défend et rappelle avec raison qu'il a parlé 'dès la première réunion à ciel ouvert du C.N.E. en septembre 1944' du 'droit à l'erreur' — même s'il ne reconnaît pas, encore une fois, le rôle joué par Camus ou

---

96 Presque aussi violente était la critique de *Libération* du 30 janvier qui termine: 'Seules, les Éditions de Minuit, nées dans la clandestinité, ont eu le triste courage de donner asile à cette prose définitivement édifiante sur le cas de M. Jean Paulhan qui, désespérant d'atteindre à la célébrité par ses écrits, cherche à l'obtenir par le scandale, ou à défaut, par la provocation.' Deux mois plus tard, le 21 mars dans *La Tribune des nations*, Pierre de Lescure l'accuse de n'avoir rien compris à la résistance: 'Vous êtes resté pris par vos délectations personnelles, et faire la guerre comme vous l'avez faite, c'était vous condamner à ne pas entendre ce que signifiait, par rapport à l'univers humain, le mot résistance. [. . .] Dès le mois de juin quarante, vous avez joué avec vos mots, vous n'avez rien fait que continuer à inventer vos devinettes littéraires et à répondre à vos petits problèmes calligraphiés.'

par Mauriac, ce que ce dernier lui reproche dans une lettre du 20 mars: 'Vous savez bien que sur le fond j'ai pris dès 1944 une position proche de la vôtre. . .'.[97] En se référant à la phrase célèbre de Péguy que tout commence en mystique et finit en politique, Paulhan insiste aussi sur l'influence corruptrice des communistes aux jurys et souligne encore le danger d'une nouvelle collaboration. Mais il est vite évident dans toutes ses réponses que ces deux questions aussi bien que celles de la légalité ou la légitimité du gouvernement de Pétain, de la définition de l'état et de la France, de la trahison et des excès commis pendant les mois de l'épuration ne seront jamais résolues.[98] A plusieurs reprises, Paulhan, qui proteste qu'il n'est qu'un simple grammairien, qu'il se tient au-dessus des intérêts de parti et qu'il défend la justice, restera pour ses adversaires incompétent pour parler de ces questions et coupable d'avoir accumulé dans sa *Lettre* des 'contre-vérités, de[s] sophismes et d[es] hérésies juridiques.' Lorsque le 16 mai Roger Caillois observera que dans son débat avec Paulhan, Martin-Chauffier montre 'une sorte d'aveuglement fondamental et créateur qui tient à une incompatibilité essentielle de nature', il résume une dispute qui, dans sa totalité, risquait de devenir un dialogue de sourds. Ou, pour citer Chauveau, 'un dialogue pointilleux [et] vain' entre des gens qui ne s'entendaient pas ou plutôt qui ne voulaient pas s'entendre. Au fond peut-être était-ce un dialogue où il n'y aurait jamais un dernier mot. Comme le dit Mauriac dans la même lettre du 20 mars: 'vous avez tort — oui même quand vous avez raison.'

Il n'en reste pas moins curieux que Paulhan ait attendu jusqu'en 1952 avant de publier sa *Lettre*. D'une certaine façon et comme nous l'avons vu elle est la suite logique de plusieurs publications antérieures et il est peut-être normal que Paulhan ait voulu, une fois pour toutes, exprimer ce qu'il ne s'arrêtait pas de penser et de dire déjà depuis huit

---

97 *François Mauriac et Jean Paulhan: Correspondance, op.cit.*, p.303.

98 L'affaire de la *Lettre* est le sujet d'un débat à l'assemblée générale du C.N.E. le 15 mars. Sans le nommer Martin-Chauffier se réfère à Paulhan, 'un ancien résistant' qui a attaqué 'la Résistance avec une violence sournoise jusque dans son passé clandestin. [. . .] On nous en veut de nous respecter mutuellement, de conserver toute liberté dans nos propos, dans nos actes et dans nos écrits. Cela n'est pas logique, cela gêne, cela déconcerte, puis il est entendu que nous sommes, conscients ou dupes, au service d'un parti. Seulement ce qui est "entendu" est en même temps mensonger. Pour ma part, j'aime beaucoup à déconcerter les tricheurs. Rien ne les surprend plus que le franc jeu, ils n'y comprennent rien et ne trouvent pas de réponse aux questions qu'ils se posent, parce qu'elles sont mal posées. Alors, ils en fabriquent et tant pis pour la vérité, c'est là leur moindre souci.' Archives C.N.E.

ans. Il est certain aussi qu'au fond de sa position il y avait deux éléments constants; la justice et la patrie ou, prises ensemble, l'idée d'une France où toute idéologie dominante et de parti serait absente. Il ne peut y avoir de doute que Paulhan a voulu être juste, mais le climat et sa naïveté politiques militaient contre lui. Il ne faut pas oublier non plus ses activités littéraires depuis la Libération. La création des *Cahiers de la Pléiade* en 1946 où il allait publier des pages des écrivains qui se trouvaient sur la liste noire, son admiration surtout pour Céline mais aussi pour Lucien Rebatet (son roman, *Les Deux Etendards* publié en 1952 était, selon Paulhan, 'très beau'),[99] et même le relancement de la *Nouvelle Revue française*, lui vaudraient des critiques sévères et même des injures. Il n'y a rien d'étonnant donc que certains aient vu derrière de telles activités une sympathie latente chez Paulhan pour la politique d'une droite conservatrice, ce qui sera confirmé d'ailleurs par la position qu'il adoptera pendant la guerre d'Algérie où il sera nettement opposé à la stratégie de De Gaulle et à l'idée de l'indépendance algérienne. Il s'y trouve aussi un anticommunisme (ou un antitotalitarisme) croissant et violent. Mais au fond Paulhan n'était pas porté sur la politique. Il ne s'occupait pas de la vie politique comme Mauriac par exemple (et il n'avait pas le talent journalistique de l'écrivain catholique) qui, par son bloc-notes, allait continuer jusqu'à la fin de sa vie, souvent avec beaucoup de courage, de participer aux grands débats du jour et de se faire une voix unique et indépendante. Mais quel que soit le sujet, Paulhan était passé maître dans l'art de la provocation. Comme nous l'avons vu, l'ingenuité, la fausse modestie, l'indignation, même l'hypocrisie — tout lui était bon pour prendre ses interlocuteurs et surtout ses adversaires à contre-pied pour les obliger de réagir et de se situer eux-mêmes. En publiant la *Lettre aux directeurs de la résistance* il a eu une de ses plus belles réussites.

---

99 Rebatet a exprimé sa reconnaissance à Paulhan, 'le plus imprévu des avocats' dans un pamphlet de dix pages, *A Jean Paulhan*, Éditions Dynamo, Pierre Aelberts, éditeur, Liège, 1968. Il écrit; 'Paulhan se défendait d'être un politique. Il ne se voulait que grammairien. Mais ce grammairien était le premier qui osât décrire l'épuration dans sa réalité: une affaire gaulliste sans doute, mais exploitée à fond par les communistes, sous le couvert du patriotisme, avec la complicité de la Justice et de la presse bourgeoises. Sans le souligner, Paulhan suggérait à merveille ce qui avait sauté aux yeux: que les cours de justice continuaient les procès de Moscou'(p.6).

Lettre aux directeurs
de la résistance
1952

Messieurs,

Je suis résistant. J'ai commencé à l'être dès le mois de juin quarante, et je le suis encore, ou je pense l'être du moins. Pourtant je n'en tire plus aucune fierté. Plutôt de la honte. Je m'aperçois tous les jours que de résister, ce n'était pas si simple que c'en avait l'air à première vue. Mais laissez-moi prendre les choses au commencement.

Donc, qui entrait dans la Résistance se sentait aussitôt meilleur. Ça lui paraissait bien, ce qu'il faisait là. Il devenait une sorte de héros, qui valait bien un héros militaire (sans l'ennui du costume et du sac — ah, surtout du sac!) Bien sûr il risquait la mort — mais il n'y avait tout de même, se disait-il, pas beaucoup de chances. A défaut de la mort, la prison et l'exil — mais qui prendraient fin, se disait-il, à la Victoire (puisqu'il croyait à cette Victoire; et personne ne savait encore l'ignominie des camps de concentration). De toute manière, il était une fois pour toutes du bon côté: du côté de la Justice et du Droit. Voilà qui aide à vivre et à mourir.

Oui, c'est là ce que pensait le Résistant (en plus vague). Et bien entendu, il se trompait. Ce qu'il risquait était tout différent; en un sens, c'était bien pire: il risquait chaque jour de devenir le contraire d'un héros: une canaille, et même une assez sombre canaille. Il risquait de trahir ses amis. Tout dépendait de sa résistance à la torture. Je ne dis même pas aux douleurs, la chose est possible. Mais à l'affreux sentiment que la torture, en vous laissant vivre, vous abîmera pour toujours, ne vous laissera qu'un corps disloqué, un esprit imbécile. Ainsi, sa première décision l'obligeait à d'autres décisions (bien plus graves). Son courage l'obligeait à d'autres courages (bien plus héroïques). Loin d'être juste pour toute la vie, il risquait infiniment de devenir injuste: de se retrouver, du jour au lendemain, un salaud. Ce sont de ces choses qui font dire que la vie n'est pas bien faite. Il se peut. Avis à tous ceux qui veulent prendre le chemin de la vertu.

J'y reviendrai. D'ailleurs, ce n'est pas gai non plus, ce que j'ai à dire. J'aimerais autant pas. Mais puisque personne de nous ne le dit, il me faut bien y aller. C'est aux résistants que je parle. Je me permets de leur dire qu'ils sont tombés dans le piège: non moins lâches et traîtres, non moins injustes que celui d'entre eux qui, sur la table de torture, livrait ses camarades. (Mais avec moins d'excuses.)

AU MEPRIS DES LOIS

Il faut loyalement déclarer, avant toute discussion, ce qu'on se propose d'établir et ce qu'on laisse de côté. Eh bien, je ne poserai pas la moindre question politique ou sociale. Ce n'est pas mon affaire. Il ne sera pas ici question de fascisme ni de démocratie. Je ne chercherai pas non plus si Pétain était bien un traître; si Brasillach méritait la mort; si Maurras s'est rendu coupable d'intelligences avec l'ennemi. Tout ce que je me propose de dire, c'est que Maurras, Brasillach ni Pétain n'ont jamais été *jugés*. C'est qu'il n'est pas un des quatre cent mille Français[1] qui se sont vus par la Libération exécutés, envoyés au bagne, révoqués, ruinés, taxés d'indignité nationale et réduits au rang de paria — c'est qu'il n'est pas un seul de tous ceux-là qui n'ait été frappé au mépris du Droit et de la Justice.

Je commencerai par le Droit.

Je ne suis pas ennemi des Codes; ni des Logiques et des Grammaires. J'ai toujours pensé qu'il y avait dans ces vieux bouquins plus de malice, et même de génie, qu'on ne le croit d'habitude. Je n'ai pas toujours la patience d'y aller voir. Pourtant, je connais un traité chinois du cinquième siècle avant le Christ, qui dénonce très exactement les farfelades du lettrisme. Et, si le petit Saillet avait lu la *Rhétorique* d'Aristote, il n'eût jamais été prendre un exercice de Mlle Akakia pour un poème inédit de Rimbaud.

Donc je n'ai pas été trop surpris d'entendre Magistrats et Ministres déclarer, dès la Libération, qu'il suffisait, pour punir en bon droit tous les dénonciateurs et les traîtres, les artisans ou les profiteurs de la Collaboration, d'ouvrir le Code pénal à l'article 75. Bien. Que les Juges n'avaient donc à s'inspirer que d'une scrupuleuse légalité. Soit. D'ailleurs, qu'un criminel n'inventait jamais rien. Ainsi de suite.[2] A la

---

1 Ce chiffre est, suivant toute vraisemblance, au-dessous de la vérité. L'on admet couramment qu'un million de Français ont été arrêtés à la Libération (cf. *Le Figaro*, 6 avril 1946) dont plus de soixante mille exécutés. D'autre part, les statistiques officielles indiquent, dès 1948, quatre-vingt-dix mille condamnations prononcées par les Cours de Justice et les chambres civiques. L'épuration administrative a touché plus de cent vingt mille officiers, magistrats ou fonctionnaires. L'épuration professionnelle, politique, syndicale ou journalistique, trois cent mille environ (cf. le *Rapport à l'O.N.U.* de l'Union pour la Restauration du Service Public, 1951). Si l'on songe, par là-dessus, qu'un homme tué, ou seulement déshonoré, entraîne dans la ruine sa famille entière, l'on arrivera vite à quinze cent mille victimes.

2 Je cite nos Ministres de la Justice: MM. Teitgen, de Menthon, André Marie; le

fin, c'était presque trop beau. Cela donnait grande envie d'y aller voir.
J'y suis allé.

Il est un peu long, l'article 75 en question. Un peu long mais diable-
ment précis. Pas un de ces mots troubles, dont abusent les Ministres,
et les Procureurs généraux, où chacun met ce qu'il veut: *honneur,
dignité, courage, unité morale, liberté.* Au fait, pas une fois le mot *collaboration.* Mais des termes aussi simples que *porter les armes* (contre la
France), *livrer à l'étranger des magasins, des arsenaux, des munitions, des
bâtiments, du matériel, des villes, des forteresses, des territoires* (appartenant à la France), *faire des enrôlements* (pour une puissance en guerre
avec la France), *entretenir des intelligences* (avec un ennemi de la
France). Tout cela fait autant de trahisons, que l'on punit, en principe,
de la peine de mort.[3]

Oui, tous ces mots sont simples, et faciles à définir. A l'exception
d'un seul, pourtant., qui revient dans chaque phrase. C'est, comme il
arrive d'habitude, celui dont le sens paraît, au premier abord, le plus
évident: c'est *la France.*

Procureur Général Boissarie: '. . . l'épuration n'avait qu'à se fonder sur les principes
traditionnels de nos Codes, appliqués dans la pleine et scrupuleuse légalité.'
(*Réquisitoire contre J.-H. Paquis.*)

3 Voici le texte de l'article en question (cf. Dalloz, pp. 92–93). Art. 75. Sera coupable
de trahison et puni de mort:

1° Tout Français qui portera les armes contre la France;

2° Tout Français qui entretiendra des intelligences avec une puissance
étrangère, en vue de l'engager à entreprendre des hostilités contre la France, ou
lui en fournira les moyens, soit en facilitant la pénétration de forces étrangères
sur le territoire français, soit en ébranlant la fidélité des armées de terre, de mer
ou de l'air, soit de toute autre manière;

3° Tout Français qui livrera à une puissance étrangère ou à ses agents, soit
des troupes françaises, soit des territoires, villes, forteresses, ouvrages, postes,
magasins, arsenaux, matériaux, munitions, vaisseaux, bâtiments ou appareils de
navigation aérienne, appartenant à la France, ou à des pays sur lesquels s'exerce
l'autorité de la France;

4° Tout Français qui, en temps de guerre, provoquera des militaires ou des
marins à passer au service d'une puissance étrangère, leur en facilitera les moyens
ou fera des enrôlements pour une puissance étrangère en guerre avec la France;

5° Tout Français qui, en temps de guerre, entretiendra des intelligences
avec une puissance étrangère ou avec ses agents en vue de favoriser les entreprises de cette puissance contre la France.

Seront assimilés aux Français, au sens de la présente section, les indigènes des
pays sur lesquels s'exerce l'autorité de la France ainsi que les militaires ou marins
étrangers au service de la France.

Sera assimilé au territoire français, au sens de la présente section, le territoire des
pays sur lesquels s'exerce l'autorité de la France.

Qu'est-ce que c'est que la France? Bien sûr, il ne s'agit pas ici d'un pays au sens de la géographie (les montagnes et les ruisseaux se fichent pas mal qu'on les trahisse). Ni d'une jolie fille à bonnet phrygien (non, pas plus que l'Angleterre n'est un lion, ni les États-Unis un oncle). Il ne s'agit pas non plus — en tout cas, il ne s'agit pas seulement — de la fille aînée de l'Église (selon Massillon). Ni du Christ des Nations (selon Quinet). Ni du Paradis de l'Initiative (selon Maurras). Ni de la France de la Révolution (ou de celle des rois). La France, somme toute, non moins difficile à définir que l'homme.

Mais je reprends mon Code. Lui, n'hésite pas un instant. Sitôt qu'il lui faut préciser le détail et les degrés des trahisons ou, mieux, des 'atteintes à la sûreté extérieure de l'État': est coupable (dit-il) qui porte les armes. . . *sans être approuvé par le Gouvernement*; qui livre. . . *sans autorisation du Gouvernement*; qui enrôle. . . *au mépris des prohibitions édictées par le Gouvernement*; qui entretient des intelligences. . . *sans la permission du Gouvernement*. Et voilà donc qui est très net. Il ne s'agit pas d'un idéal; ni d'un symbole; ni même d'un pays ou d'une nation. Il s'agit précisément du Gouvernement que cette nation s'est donné (ou du moins, qu'elle supporte); et des décisions de ce Gouvernement. Je ne sais si M. Daladier a bien fait de déclarer la guerre à l'Allemagne en trente-neuf. Je ne sais pas du tout si MM. Pleven et Queuille ont raison de poursuivre la guerre du Viet-Nam. Mais dès l'instant qu'ils l'ont fait, je trahis — non pas M. Pleven ou M. Daladier, mais la France — je suis précisément un traître, et passible de mort, s'il m'arrive de livrer à M. Hitler ou au Viet-Minh le plan d'un fort, d'un aérodrome, d'un simple petit fusil. Voilà qui est très clair, et je suis prévenu. Bref, la France — cette France que l'on peut trahir — est telle que l'a définie le Gouvernement légal du moment. C'est là le point de vue du Code, et je ne nie pas qu'il soit un peu simpliste. (Mais il ne s'agit en ce moment que du Droit.)

Cela dit, une seule question se pose: quel était, de quarante à quarante-quatre, le Gouvernement légal de la France? Ici — dira-t-on, hélas! — il n'y a pas place pour le moindre doute. Oui, le Ministère belge était à Londres, oui, le Gouvernement hollandais était à Londres, mais le Gouvernement français était à Vichy. Mais les ambassadeurs auprès de la France des États-Unis, de la Russie, du Vatican, étaient à Vichy. Jamais le Général de Gaulle n'a parlé de *son* gouvernement;[4]

---

4 C'est tout au contraire. Il a dit clairement et franchement, dans son discours du 2 avril 1941: 'Nous ne voulons pas modifier les institutions françaises. Aussi ne jugeons-nous pas qu'il soit nécessaire de prendre le titre de gouvernement pour exercer l'autorité dont nous avons besoin.'

jamais il n'a retenu de force — comme c'eût été son premier devoir, s'il avait représenté la France — le moindre soldat français de passage à Londres. A la date du seize août quarante-quatre, Edouard Herriot, s'adressant à Pierre Laval, l'appelle encore 'Monsieur le Chef du Gouvernement'. Edouard Herriot est du métier; il sait ce qu'il dit. Et nous autres Résistants n'étions pas le moins du monde des gouvernementaux, ni de braves citoyens soumis. Nous étions des objecteurs de conscience et des révoltés. Nous en appelions de Vichy — et de la définition que Vichy donnait de la France — à une France plus courageuse et plus juste. Il nous semblait racheter d'un coup les sottises, et les lâchetés de nos Ministres depuis l'Armistice — non pas même celui de quarante, mais le vieux, celui de dix-huit. C'est là ce que nous disions, de notre mieux, dans nos petits papiers clandestins.

Car nous n'avions pas de *Journal Officiel*, comme il va de soi. Mais le *Journal Officiel* de Vichy nous apprenait, un jour, que M. Paul Reynaud, et M. Vincent Auriol le lendemain, et le surlendemain MM. Léon Blum, Jules Moch, Herriot proposaient de remettre tous les pouvoirs aux mains du Maréchal Pétain — que l'on pressait par ailleurs de négocier, de s'entendre, bref de collaborer avec l'Allemagne. Ce qui fut ratifié le dix juillet par l'Assemblée Nationale. (Or l'appel de Gaulle était du dix-huit juin.)

Donc le Code, à qui l'interroge, répond clairement: un seul Gouvernement, celui du Maréchal, avait qualité pour juger des trahisons commises — en zone occupée, par exemple — entre quarante et quarante-quatre. Et c'est à lui qu'il fallait d'abord faire appel. Quitte à le juger plus tard à son tour.[5]

CONTRE TOUTE JUSTICE

Je me donne bien du mal pour démontrer l'évidence. Supposez qu'un coup de force eût substitué à Daladier, le premier janvier quarante, un ministère fasciste. Pensez-vous que le nouveau Gouvernement aurait eu le *droit*, — j'entends le droit *légal*, — la paix avec l'Allemagne une fois conclue, de fourrer en prison, qui sait? d'exécuter, les officiers et les soldats partis pour la guerre sur l'ordre du ministre radical? Allons donc! Irez-vous me dire qu'il est des trahisons qui passent en leur

---

5 L'excellent écrivain, qui signe *Servus Juris*, a précisé très heureusement cette question dans sa *Lettre ouverte à Messieurs les Présidents des Cours de Justice* (André Bonne, 1948).

temps, inaperçues? Quelle plaisanterie! Ce que vous poursuivez, ce sont des trahisons (dites-vous) publiques: articles de journal, causeries de radio, discours. . .

'. . . inaperçues, ajoutez-vous, de leur auteur même'. Ici vous parlez d'aveuglement, de lâcheté, de sottise, — d'erreur obstinée, d'erreur néfaste, de lourde erreur.[6] Mais je vous arrête. J'ai beau tourner et retourner mon Code, je ne trouve pas un seul article qui punisse erreur, sottise ou lâcheté.

Me direz-vous alors: 'La Libération était une Révolution'? Si elle est une Révolution, qu'elle forge son langage, qu'elle invente ses lois![7] Qu'elle décide même — contre les plus vieux principes du Droit — que ses édits auront un effet rétroactif! La force a les droits de la force. Elle se dégrade et nous humilie tous — dès qu'elle ment et couvre d'un manteau légal ses assassinats. (Car enfin, j'ai aussi trouvé cela dans mon Code: c'est qu'une exécution au mépris des lois s'appelle un assassinat.)

'Il n'y aurait plus de coupables, à vous entendre. — Ah, mais si! Et qui méritaient parfois une justice plus rigoureuse. Qui méritaient en tout cas une justice authentique.'

Me direz-vous à la fin: 'Et puis quoi, ils n'ont pas été les seuls. — Certes non. Ils allaient rejoindre les quelque soixante mille Français[8] qui ont été par la Libération torturés, fusillés, brûlés vifs. Oui. Mais c'était sans jugement. Mais chacun de nous pouvait dire, honnête Résistant, Je n'ai pas voulu cela. Ce sont des bandes étrangères qui ont tout fait. Ce sont les comités communistes. . .'. Cette fois-ci, vous

---

6 Cf. 'Ces cent cinquante mille collaborateurs, auxquels il fallait demander des comptes, ne sont pas cent cinquante mille traîtres, méritant la mort. Parmi eux, il y a des traîtres abominables, disons quelques centaines. Puis il y a des lâches méprisables, puis des demi-lâches, également méprisables; il y a enfin beaucoup d'imbéciles.' (P. H. Teitgen, garde des Sceaux. Cf. l'*Officiel*. Séance du 6 août 1946.)

Cf. également: 'Je n'aurai pas, je pense, besoin d'insister pour vous persuader de ma volonté profonde de ne pas laisser relever la tête à des hommes qui, pendant de longs mois, se sont complu dans une erreur criminelle.' (André Marie, garde des Sceaux. L'*Officiel*, 19 mars 1948).

7 Comme il fut fait à Nuremberg.

8 Les évaluations courantes varient entre 60.000 et 200.000 morts. D'après le seul document officiel que nous possédions, les rapports de la Section historique de l'État-Major Eisenhower, il y aurait eu 50.000 victimes environ pour la seule région méditerranéenne (cf. *The American Mercury*, avril 1946). M. Adrien Tixier, Ministre de l'Intérieur, évaluait en 1945 à 105.000 le nombre des exécutions sommaires entre juin 1944 et février 1945. (Cf. Lettre du Colonel Dewawrin, citée par Jean Bernier, *Le Crapouillot*, n°. 11.)

ne pouvez pas le dire. C'est vous qui avez triché. Quelle tricherie, qui fait trois cent quarante mille victimes!

A vrai dire, il ne se pose ici qu'une question: comment se fait-il que votre mensonge ait si facilement passé? Que vous n'en ayez pas été tout les premiers embarrassés, gênés, effrayés? Voici, à tout hasard, ce que j'imagine pour votre excuse: c'est qu'il a dû jouer ici cette illusion, pas mal grossière mais séduisante, que l'on pourrait appeler: *prévision du passé*.

Il nous semble volontiers après coup, quand un événement s'est passé, que nous l'attendions et nous préparions à lui confusément. A plus forte raison nous le semble-t-il pour autrui. On voit dans les journaux ce titre: 'Assassin pour cent francs' qui suppose, plus ou moins vaguement, que l'assassin avait prévu les cent francs, qu'il a commis son crime *tout de même*. (Mais quoi, s'il en avait trouvé cent mille, pensez-vous qu'il les eût laissés?) Le mot *fin* ne signifie pas moins *dénouement* qu'*intention*, et il n'est guère douteux que nous avons tendance à confondre l'un et l'autre sens. Somme toute, la condamnation à mort de Maurras (entre autres) ne s'explique — je ne dis pas: ne se justifie — que si l'on admet obscurément que Maurras prévoyant, dès quarante, la Libération s'opposait par avance à cette Libération — à la nouvelle figure qu'elle allait donner à la France — par pure perfidie: par esprit diabolique. Mieux: qu'il s'y était opposé de tout temps, et dès avant les guerres. . .

Mais enfin je suppose que le rôle des Codes, celui des magistrats en tout cas est justement de nous défendre contre des illusions assez basses et comme enfantines.

Laissez donc, me dira-t-on, les Codes et les magistrats. Et tant mieux si la France a secoué cette poussière! C'est de justice que j'ai faim et soif, non de légalité. C'est de toutes ces figures, dont le nom ne se montre pas dans votre Dalloz: l'honneur et la dignité, la liberté, les Droits de l'homme. Votre Pétain pouvait bien être légal: il n'était pas légitime. Justement, j'y venais.

Il est trop vrai qu'il existe du Droit à la Justice le même écart, peu s'en faut, qui sépare la lettre et l'esprit: la lettre, toujours près d'empiéter sur l'esprit, de le restreindre et l'amoindrir — toujours prête à passer lettre morte. Mais l'esprit vivace et libre, échappant aux pièges de l'automatisme, renaissant à tout instant. Oui, je sais tout cela, et qu'il est juste sans doute — comme il existe, à côté d'écrivains étroitement soucieux de règles et de correction, d'autres écrivains livrés à leur seule inspiration: à leur folie — qu'on trouve en face des Magistrats dévoués au Droit, des Jurés, eux, simplement épris de justice et de liberté, d'honneur, de vérité. Et certes ceux-là dans la circonstance ne se sont guère montrés les hommes du Droit, ils n'ont paru l'être qu'au prix d'une forfaiture. Mais ceux-ci. . .

Ceux-ci, tout s'est étrangement passé comme si l'on avait voulu à tout prix les protéger contre le sens et le goût — contre la tentation — de la Justice. Les contraindre à l'assassinat.

L'on sait comment ont été recrutés les Jurés des Cours de Justice: parmi les Français qui avaient de leur âme et de leurs forces résisté à l'Occupant. Entre eux, parmi ceux qui avaient souffert dans leur corps ou dans leurs biens: injustement emprisonnés, dépouillés, torturés, déportés avec leurs parents et leurs enfants. A première vue, voilà un choix excellent. Et qui eût mieux connu que nous autres Résistants l'intention, les volontés d'une France nouvelle — de la France que nous allions faire. Il eût été par trop injuste que la parole — l'autorité — fût donnée, au lendemain d'un tel drame, à qui s'était lâchement tenu chez soi et n'avait eu souci que de ses petites affaires (le plus souvent, d'accord avec l'ennemi): à qui n'avait pas pris parti. Au contraire, l'on allait confier le soin de la Justice aux hommes qui avaient *passé par là*; en quelque sorte, aux spécialistes de la chose; à ceux qui savaient précisément de quoi il s'agissait. De quoi, c'était toujours des tortures et des vols, des vexations et des crimes.

L'intention, bien sûr, semble à première vue équitable. Elle est sage, elle est pleine de raison. Qu'y a-t-il de plus absurde que d'élire, pour juger d'un vol ou d'un assassinat, des jurés au petit bonheur, fermés il se peut à tout souci moral — qui sait, eux-mêmes coupables (tout au moins en pensée) de divers crimes. On allait changer tout cela. Et qui saurait mieux juger d'un vol, après tout, qu'un jury de volés? D'un adultère, qu'un jury de cocus? D'un bourreau, qu'une victime? En voilà qui sauraient de quoi il s'agit. Qui seraient à la page! Que des avocats n'arriveraient pas à mettre dedans. Car enfin un vol, un assassinat, une trahison même, ça ne se réussit pas nécessairement du premier coup; et s'il y suffisait de se débarrasser de quelques principes moraux, la chose serait vraiment trop facile. On n'y aurait pas le moindre mérite. Non, c'est (surtout quand ça se répète) une entreprise qui suppose, à côté des passions, quelque science, de l'organisation, un brin de méthode. Quoi de plus juste que de former, pour juger d'une technique, un jury de techniciens? Mais j'y reviendrai.

AU DÉDAIN DE L'ÉQUITÉ

On entend dire tous les jours, chacun de nous a mille fois pensé (ou du moins a eu envie de penser): 'Foutez-nous la paix avec vos généralités, votre métaphysique. J'ai les pieds sur terre. Je connais (à peu près) mon intérêt, et mes plaisirs. J'ai femme et enfants. Qu'est-ce que j'ai à voir avec votre dialectique, avec vos thèse et antithèse. Avec votre identité des contraires (ou contrariété des identiques)? Assez de nuages!

Oui. Mais écoute-toi parler, surveille-toi un peu pendant cinq minutes. Tu ne voulais que gentiment convaincre un ami, donner une leçon à ton fils. Pourtant, sitôt qu'ils te résistent, c'est qu'ils font exprès (dis-tu) de ne pas comprendre. Alors, tu sens l'irritation qui te gagne, déjà tu serres les poings. Et ta femme donc! Tu n'as pour elle que de l'amour. Bien sûr. Pourtant, si tu la soupçonnes un jour de te mentir — de t'avoir de tout temps menti — tu y vois rouge. Déjà tu penses à sa mort, non pas sans plaisir. Allez vous étonner après ça que les États, pour mieux défendre la liberté, commencent par la supprimer; pour mieux fonder la paix, commencent par faire la guerre, et prennent si vite le parti d'anéantir ceux qu'ils doutent de convaincre. Étonnez-vous que. . .

Eh bien, par exemple, que nos collaborateurs n'aient pas rencontré d'ennemis plus acharnés — plus courageux aussi (dans les temps où il s'agissait encore de courage) — que d'*autres* collaborateurs. Qui refusaient certes de collaborer avec l'Allemagne; mais c'était — ils nous l'ont très bien dit, ils n'ont cessé de le répéter sur tous les tons — parce qu'ils avaient fait choix d'une autre collaboration. Ils ne voulaient pas du tout s'entendre avec l'Allemagne: non, ils voulaient s'entendre avec la Russie. Ainsi ces extrêmes se touchaient. Ces contraires n'étaient si contraires que parce qu'ils se ressemblaient extrêmement: les uns et les autres certes préoccupés d'assurer à jamais le bonheur public — que ce fût par le triomphe d'une classe trop longtemps opprimée (selon les communistes), ou bien d'une race trop longtemps brimée (selon les fascistes). Ils étaient fixés une fois pour toutes: l'un et l'autre triomphe leur semblaient fidèles au sens (disaient-ils) de l'Histoire. Même, ils appelaient également *paix* les guerres qu'il leur restait à livrer. A chaque problème, ils avaient solution. Il arrivait même que la solution précédât le problème. (Ainsi l'on découvre, de notre temps, des remèdes dont personne ne connaît encore la maladie qu'ils guérissent.) Prenant également le parti des pauvres contre les riches, et des nations prolétaires contre les États nantis. Par ailleurs, prêts à sacrifier au triomphe de la Doctrine leur paix et leur vie (mieux encore, la vie des autres). Convaincus en tout cas qu'une telle fin justifiait pour moyens le mouchardage et la trahison, la corruption, la torture et les exécutions capitales au jour le jour, les camps de concentration et le travail forcé, la presse asservie, la littérature dirigée, la déification d'un chef, la mise en esclavage des races (ou des classes) vaincues. Bref, la Terreur avec tout ce qu'elle suppose d'effroi, mais de fascination; de cruauté, mais d'attrait.

Je constate des faits. Je ne cherche à juger personne. D'ailleurs, qu'ils étaient donc droits et fermes et tout pressés de verser leur sang! Ils se ressemblaient jusque dans l'impatience. Peut-être même (si je puis dire) ceux-ci étaient-ils plus ressemblants encore que ceux-là. Certes les *Lettres Françaises* répliquent exactement à *Je suis Partout*; la *Nouvelle Critique* à *Combat*.[9] Ce sont les mêmes arguments, c'est la même ardeur; ce sont parfois les mêmes écrivains, qui ont changé de visée, non pas de sujets ni de méthode. C'est le même vaste parti qui les suit et ne veut à son tour penser que par eux. Plus vaste peut-être qu'il n'a jamais été: la trahison en France a toujours paru distinguée; elle est aujourd'hui populaire sans cesser d'être élégante, et les gens du monde, qui se pressent aux ventes du Céné, ont chance d'y rencontrer quelque petit employé, quelque prolétaire. Simplement peut-il sembler, à la faveur sans doute de cette popularité, que les Châteaubriant et les Brasillach d'aujourd'hui — un Aragon, un Éluard, un Claude Morgan — montrent plus ouvertement leur désir de collaborer, qu'ils en ont mieux calculé les moyens et les chances. Parlent-ils de paix, de sens de l'histoire et du reste, c'est (semble-t-il) avec un peu plus de science et de conviction.

Me dira-t-on qu'ils n'ont pas eu du moins jusqu'ici l'occasion d'exécuter leurs désirs, et que le Droit tient pour innocent tout criminel qui n'a pas commencé d'accomplir son crime — le poison fût-il déjà versé, et le guet-apens tendu. Le Droit, il se peut. Mais c'est de Justice à présent qu'il s'agit. J'y reviens. Donc c'est à ces collaborateurs (virtuels[10]) qu'a été confié le soin de juger les collaborateurs (tout à fait réels) dont la France avait à se plaindre. En fait, les communistes formaient la majorité dans la plupart des Cours de Justice. Alors même qu'ils ne formaient pas la majorité, c'est eux qui prenaient autorité sur

---

9 Il s'agit, bien entendu, du *Combat* de 1937–39.
10 Pas si virtuels que ça. Que l'on songe aux événements de 1939–1941, à la désertion de Maurice Thorez, et au reste.

les autres, imposaient leurs vues; c'est eux qui exigeaient. Il n'avait pas été besoin à cet effet (comme pour la désignation des Jurés résistants) d'un décret particulier.[11] Non. Cela s'était fait, pour ainsi dire, tout seul. D'abord les communistes avaient terriblement envie d'être jurés, on les laissait faire. C'est qu'il est difficile de trouver des jurés. Le Français — fût-il résistant — n'aime guère travailler toute la journée pour un salaire plutôt modeste. Il se portait volontiers malade. Et puis, peut-être se disait-il que la ténacité communiste en fait de résistance méritait bien quelque récompense — une sorte de dédommagement.

Et pourquoi pas? dira-t-on.

Pourquoi pas, en effet? Je disais tout à l'heure que l'on imaginait fort bien, pour juger un voleur quelque jury de volés; un bourreau, quelque jury de victimes. Sans doute. Mais il est possible d'aller plus loin encore dans ce sens. (Et justement on y est allé.) De constituer de véritables jurys non point de victimes de la technique: de techniciens. (Et on les a constitués.) Bref, de faire appel pour juger un voleur à un jury de voleurs (patentés, chevronnés); un assassin, à un jury d'assassins (de préférence retirés des affaires); un collaborateur, à un jury de collaborateurs. (Justement, c'est ce qu'on a fait.) En voilà qui seraient au courant, qu'on n'arriverait pas à mettre dedans. De véritables spécialistes. J'en ai vu, de ces jurés! Ils étaient beaux à voir. Ils se déplaçaient comme des colonnes. Souvent les plus honnêtes gens du monde, et les plus droits. Mais quoi, ils savaient qu'ils étaient là pour condamner. Le Parti le leur avait dit. La République semblait le leur répéter. Ils condamnaient. A tour de bras. Ils étaient inflexibles. Étaient-ils justes?

Il se trouve que c'est facile à savoir. Presque trop facile. Il joue ici une sorte de grammaire des idées qui n'est ni moins prompte ni moins décisive que notre grammaire de mots (cette grammaire spontanée qui nous rebrousse, ou nous fait éclater de rire devant une phrase mal bâtie, un mot prononcé de travers). Et c'est, après tout, l'ensemble des réactions de cette autre grammaire qu'on appelle la justice. Donc, la Justice ou la grammaire en question porte qu'il est bon — qu'il est inévitable — de s'adresser à un technicien tant qu'il s'agit de savoir si la victime a bien été empoisonnée (et par quel poison), si les billets de banque étaient vrais ou faux, et si les plans de la forteresse ou de l'aéro-

---

11 Il est juste de noter ici que ce décret a été rapporté, pour compter du 1er janvier 1947, alors que 64 Cours de Justice — sur 89 — avaient terminé leurs travaux, et qu'il ne restait aux autres que peu d'affaires à traiter. Quant à recommencer les procès dont l'illégalité se trouvait ainsi reconnue, il n'en a jamais été question.

drome étaient bien de véritables plans — si la collaboration était une véritable collaboration — et de quel article du Code relève le crime commis. Oui, mais quand il s'agit de savoir *qui* est l'empoisonneur, ou le faussaire, ou le collaborateur, et s'il mérite ou non la pitié, on pose le technicien de côté et l'on fait appel au contraire du technicien: à l'ignorant, à l'homme du commun — qui jusqu'ici n'a pas été empoisonné, et n'a non plus empoisonné personne; qui n'a pas été victime des collaborateurs et ne se propose pas non plus de devenir collaborateur lui-même; qui n'est prévenu ni pour ni contre. Bref à l'homme qui n'a rien à y voir. Et c'est même la meilleure définition qu'on puisse donner de la démocratie — en ce sens où nous sommes tous démocrates. Tant qu'il s'agit d'actes un peu extraordinaires, comme de fabriquer une montre, de rédiger un contrat de mariage ou de bâtir un Palais de Justice, un seul homme peut y arriver: l'architecte, le notaire, l'horloger. Oui, mais sitôt qu'il s'agit de simplement lire l'heure, d'être amoureux, ou de rendre la Justice qui est (ou qui devrait être) dans le Palais, eh bien, nous en sommes tous capables. Et même il arrive — en amour, par exemple — que le plus ignorant s'en tire mieux que le professionnel.

Quelle étrange confiance (dira-t-on) se voit ainsi faite au premier venu, à n'importe qui! Il se peut. Mais enfin sous les noms de christianisme, d'humanité, de droits de l'homme, de liberté ou de démocratie, elle est la base de notre vieux monde. Bref, la Justice n'était pas moins trompée dans la circonstance que le Droit. Il n'est pas un condamné politique — il n'est pas une de vos victimes — en qui je ne doive voir l'image effrayante de l'erreur judiciaire.

Ici quelque sot me dira: 'Ne faites donc pas le faux-ingénu. Pourquoi refuser de voir la politique où elle est? Les guerres de nos jours, et les occupations, ont cessé d'être nationales. . .

— Je m'étais pourtant laissé dire que les guerres de la Révolution, c'était des guerres d'idées. Et les Croisades? Et les guerres de Napoléon? Et la guerre de Troie. . .

— Elles sont devenues politiques (poursuit notre sot); et politique comme elles, la justice qui les suit. Si vos quatre cent mille nouveaux amis ont été frappés, ce n'est pas pour avoir aidé l'Allemagne. C'est pour s'être opposés à la marche en avant du Progrès: à l'Histoire elle-même.

— Ah, voilà qui est tout différent. Ainsi, ce serait donc pour fascisme que vous avez condamné à mort Pétain? Et pour royalisme, Maurras? Et Béraud, je suppose, pour anglophobie? Eh bien, cessez donc de mentir. Avouez-le, une fois pour toutes. Et je vous écrirai une seconde lettre.

★　★　★

Laissons tous ceux-là, ils sont légion, qui ne donneraient pas l'ongle de leur petit doigt pour la Paix, pas un cheveu de leur sale tête pour la Justice. C'est aux autres que je parle.

C'est tout d'abord aux Résistants. Est-ce qu'ils ne voient pas qu'ils ont été pris au piège? Qu'ils se sont crus résistants une fois pour toutes: purs, sauvés. Qu'ils sont tombés plus bas que ceux-là même qu'ils condamnaient? Non, si fiers de s'être un jour trouvés du bon côté qu'ils en sont tous devenus moralistes. Vercors ne nous montre plus de ces gravures cyniques, où il excellait: il pèse, il soupèse, il surpèse des cas de conscience. Aragon, Éluard ont laissé le panégyrique de l'avortement, du crime et du défaitisme: ils chantent d'une seule voix l'espoir, la joie de vivre, et les familles nombreuses. Sartre met au point, non sans loyaux efforts, une Éthique. Entre-temps il a fondé une revue, qui pourchasse au loin l'injustice. On sait qu'il a déjà trouvé sept cents petites pailles dans l'œil de Staline, et douze mille dans l'œil de Truman. Pour Franco, ça ne se compte plus. Il est temps, il est grand temps qu'ils s'occupent de leur poutre.

Puis, il y a des chrétiens, parmi vous. Il y a même des gens qui en vivent, de la Justice et de la Vérité: il y a des rabbins, et des pasteurs et des prêtres. Drôles de prêtres. Drôles de pasteurs. Drôles de rabbins. Qu'est-ce qu'ils attendent pour dire qu'on nous trompe depuis sept ans! Pour le crier sur les toits.

Mais que faire? disent-ils. A cela je n'entends rien. Je ne suis pas un politique, ni un juge. Je ne suis pas un prêtre non plus. Tout ce que je vois — mais je le vois bien — c'est que l'horreur et le dégoût nous réveilleront demain, si nous nous bouchons les yeux aujourd'hui. On nous doit un certain arriéré de justice et de droit. Qu'on nous le donne! Ensuite, qu'on nous tienne, ce doit être possible, au courant.

C'est tout ce que je voulais vous dire. Salut et Fraternité.

Les cinq 'lettres ouvertes' aux membres du Comité national des écrivains 1947

Conservées aux archives Paulhan avec des annotations de Paulhan lui-même il nous semble intéressant de reproduire ces lettres en fac-similé.

Première lettre

aux membres du C.N.E.

Laissez-moi faire appel à votre loyauté : Il ne s'agit ici que d'une définition.

Voici comment Romain Rolland rappelle, en 1921, ses sentiments de dix-neuf cent quatorze :

> "J'ai dit, dans "Au dessus de la mêlée" le maximum de ce
> que je pouvais publier alors. Mais ce maximum était le
> minimum de ma pensée. En réalité, je crois aux responsa-
> bilités énormes des gouvernements Français, et, plus en-
> core, Anglais et Russes (non moins qu'à celles des Alle-
> mands). Il n'y a guère entre eux qu'une différence
> d'habileté..."

et voici le jugement qu'il porte sur la guerre :

> "... Ma conviction est absolue qu'en fait la guerre de
> 1914-1918 a eu pour véritable objet (profond, non avoué)
> de détruire la nation qui travaillait le mieux, au pro-
> fit des nations qui travaillaient moins bien, et prin-
> cipalement l'Angleterre. C'est un crime contre les in-
> térêts de l'humanité. Elle le paiera." (Lettre à Bachelin
> du 9 Avril 1921, pp. 2 et 3. Cf. catal. Chavaray n° 672,
> p. 37).

Voilà donc ce que pensait, voilà ce qu'écrivait Rolland, alors que la
France, deux fois envahie en quarante-cinq ans, rassemblait déjà ses forces - et
tentait de grouper celles du monde - contre une troisième invasion. Vous avez
reconnu les deux thèmes de la propagande pangermaniste, qu'allait reprendre bientôt la propagande hitlérienne : l'Allemagne a été attaquée, l'Allemagne est le
pays de la droiture et du travail, que l'Europe jalouse. Vous paraît-il injuste
ou inexact de dire que Romain Rolland, français lui-même, trahit ce et faisant la
cause de la France ? Il condamne cette cause, il l'appelle "crime". Que vous
faut-il de plus ?

"La grande honnêteté de Romain Rolland, me dites-vous... - Je n'en doute
pas. - Puis, la cause de la République bourgeoise n'était pas si pure. - Soit.
- Poincaré rêvait de Revanche. - Cela se peut. - D'ailleurs, où voulez-vous en
venir ? - Pour le moment, nulle part. - Et croyez-vous que le moment soit bien
choisi pour ...? - Ah, je n'en sais rien. Peut-être était-il juste (mais je ne le
crois pas) de trahir en 1914 la cause de la France. Je constate simplement que
Rolland l'a trahie. On m'a toujours assuré qu'il fallait, à tous risques, dire
la vérité. Je dis la vérité. Quant aux risques, nous en avons vu d'autres.

- 2 -

Tout de même, ce qui me paraît curieux, ce qui commence à me paraître passionnant, c'est qu'un simple petit mot à ce sujet (et d'ailleurs exact) provoque soudain tant de remous, agite tant d'émotions, de Gavroche à la Bataille vingt ripostes, une lettre signée de seize écrivains qui m'adjure de changer d'avis, une page entière des Lettres Françaises (avec échos anonymes, mensonges et faux), une soirée commémorative en Sorbonne. Voilà qui serait me donner plus d'importance que je n'en ai.

Mais il s'agit bien de moi ! Qui donc ai-je dérangé ? Que se préparait-il ? Quelles combinaisons, ou quel mythe ? Et, de toute façon, quel mensonge ? J'y reviendrai.

Jean Paulhan

Deuxième lettre

aux membres du C.N.E.

-=-=-=-=-

Je n'ai pas le goût des polémiques. Je n'écris pas de pamphlets. Quand je parle de mensonge, à propos des échos qu'a donnés aux Lettres Françaises Louis Aragon, n'allez pas croire que je sois furieux, ou simplement vexé. Je tâche d'y voir clair.

Il m'est arrivé de rappeler, au cours d'un entretien, que Rimbaud souhaitait, en 1870, voir l'Ardenne pressurée par notre ennemi. Voilà qui n'apprenait rien à personne. Aragon pourtant me réplique:

> "On remarquera que la base de cette allégation est un propos
> de Rimbaud dans une lettre privée à un ami en 1873.
> On remarquera que ce propos... est l'expression de la colère
> de Rimbaud contre ceux qui venaient, avec la complicité de
> Bismarck, de massacrer les patriotes français de Paris, les
> hommes de ma Commune qui avaient voulu poursuivre la guerre
> contre l'envahisseur et dont Rimbaud avait exalté le combat"
> (L.F., 14,2,1947).

Je n'irai pas très loin chercher mes preuves.

Charleville inaugurait, le 23 Octobre 1927, un monument Rimbaud. Les députés, maires et conseillers municipaux des Ardennes reçurent, à cette occasion, un tract de quatre pages, Permettez..., qui leur fut publiquement adressé:

> "Nous sommes curieux de savoir comment vous pouvez conci-
> lier dans votre ville la présence d'un monument aux morts
> pour la patrie et celle d'un monument à la mémoire d'un
> homme en qui s'est incarnée la plus haute conception du
> défaitisme, du défaitisme actif qu'en temps de guerre vous
> fusillez".

Ici le manifeste cite, non sans éloge, divers textes de Rimbaud:

> "C'est effrayant, les épiciers retraités qui revêtent
> l'uniforme! C'est épatant comme ça a du chien, les no-
> taires, les vitriers, les percepteurs et tous les ventres
> qui, chassepot au coeur, font du patrouillotisme aux
> portes de Mézières. Ma patrie se lève! Moi, j'aime mieux
> la voir assise" (25 Août 1870).
> "Par-ci par-là des francs-tirades. Abominable prurigo
> d'idiotisme, tel est l'esprit de la population" (2 Nov.1870)
> "Je souhaite très fort que l'Ardenne soit occupée et pres-
> surée de plus en plus immodérément" (Juin 1872)
> "J'ai été avant-hier voir les Prussmans à Vouziers, une
> sous-préfecture de 10.000 âmes, à sept kilom. d'ici. Ça
> m'a ragaillardi" (Mai 1873).

. . . .

- 2 -

La France souffrait en 1873 - comme elle devait la souffrir dès 1940 - l'occupation allemande. La Commune avait été écrasée deux ans plus tôt. Le propos de Rimbaud n'exprime enfin que sa colère contre les Français.

Il est singulier qu'Aragon ignore à ce point l'histoire.

Il ne l'ignore pas. Voici le plus curieux: c'est que le manifeste Permettez... porte la signature d'Aragon.

Donc Aragon, s'il se trompe aujourd'hui, sait tout le premier qu'il se trompe. Il se trompe exprès. Drôle de mensonge: naïf, car nous sommes tout de même quelques-uns à lire Rimbaud; imprudent, car le tract se trouve encore dans les Bibliothèques. A-t-il un tel mépris de ses lecteurs qu'il pense les gagner à sa cause par des procédés, dont le savon Cadum ne voudrais pas pour sa propagande - ni la police pour ses enquêtes?

Mais le mensonge Rimbaud, comme l'erreur Rolland, posent des problèmes, qui dépassent de loin le cas d'Aragon.

Troisième lettre

aux membres du C.N.E.

-=-=-=-=-

Je ne suis pas un moraliste. Je ne sais s'il faut être patriote, et l'on m'assure qu'un mensonge peut avoir sa raison d'être; même, sa noblesse. Ce n'est pas mon affaire. Ce que je cherche, c'est la raison d'un certain malaise, que je ne suis pas seul à éprouver, depuis trois ans; que j'ai particulièrement éprouvé, je dois l'avouer, au sein du C.N.E., si peu que j'y aie mis les pieds. Je les cherche - comme un médecin ferait dans les lapsus ou les actes manqués - dans les mensonges, les erreurs, les contradictions.

Je continue.

Quand je vous demande au nom de quels principes vous jugez, et ce que signifie votre liste noire, vous me faites deux sortes de réponses - dont la première est plaisante, évidemment sincère, au demeurant indiscutable.

Indiscutable, parce qu'elle ne prête pas à discussion. Ainsi, Louis Martin-Chauffier :

" Cette manie de nous ériger en juges finit par être inquiétante ... Nous ne sommes pas des juges. Nous sommes tout bonnement d'honnêtes gens qui entendons choisir nos relations... Le partage des eaux s'est fait en 1940 (L.F. 22, 1, 1947)".

Que répondre ? C'est son droit, bien sûr, de choisir ses relations. Mais Jean Cassou, dans sa gentille modestie :

" Nous souffrons avec impatience la multiplicité des coudoiements. Hitler nous a fait la grâce de pouvoir introduire en cette cohue quelque limitation. Et vous voudriez que je me prive du bienfait de cette limitation !...
Je reste fidèle à l'élan qui nous a poussés. Le C.N.E. se contente d'être un souvenir... Je ne me suis jamais senti, ni jamais ne me sentirai, l'âme d'un juge (L.F. 10.1.1947)."

Moi, je le comprends très bien. Mais enfin, je ne me retiens pas de penser que c'est imprudent de compter sur Hitler pour distinguer entre les vrais amis, et les faux. Et si Hitler n'était pas venu? Puis, Jean Cassou nous a récemment confié qu'il se trouvait plus que jamais assailli d'importuns. Alors ? Compte-t-il sur un nouvel Hitler ? Quant à Vercors :

" Je ne juge pas. Je ne les condamne ni ne les punis - ni ne les acquitte. Ils m'inspirent de la répulsion, c'est mon droit, je pense ? ... De penser à eux, ça me soulève le coeur. On ne veut pas les voir, c'est tout. Parce qu'ils nous dégoûtent, qu'ils nous débectent, que leur physionomie nous coupe l'appétit. (Petit pamphlet des dîners chez Gazette)

Eh bien, voilà qui est direct et franc. Dire qu'il a raison ? Ce sera le blesser. Il ne cherche pas le moins du monde à avoir raison. Il nous dit

quelle est son humeur. Je trouve que c'est une humeur très savoureuse.
Très plaisante. Il y a des gens dont la vue lui soulève le coeur. Qu'il
n'aille donc pas dîner avec eux ! Personne de sensé ne désire que Vercors
ait le coeur soulevé. Mais moi, qui ne partage pas tout-à-fait son humeur?
Eh bien, Vercors me laisse parfaitement libre. Ce sont ses propres termes,
il s'en fout. Qu'est-ce que je veux de plus ?

Tout de même, n'est-il rien que vous préfériez, Vercors, à votre
humeur? Cassou, à vos souvenirs ? Martin-Chauffier, à vos bonnes relations?
Ici, l'on me fait une autre réponse.

Ah, cette réponse-là est bien différente de l'autre. Elle m'est faite
au nom du C.N.E. tout entier. Elle a je ne sais quoi d'impérial. De solennel.
Dois-je l'avouer, elle m'a rappelé certains oukases de Charles Maurras :

> " Pour ceux qui s'y méprendraient, il est bon de rappeler que les
> sanctions morales prises par le C.N.E., qui ne portent ni sur les
> personnes ni sur les biens, se distinguent encore des sanc-
> tions juridiques par le fait que, devant le crime irréparable,
> devant le tort irréversible fait à la Nation, elles ne sont pas
> limitées comme le sont les sanctions juridiques à temps. Et il
> y a des écrivains que la mort même n'en peut sauver, (.. ceux)
> qui ne peuvent avoir payé qu'aux yeux de la justice, mais non
> point de la conscience humaine (L.F. 22, 11, 46)."

J'en demande pardon à mes amis du C.N.E., mais prononcer, au nom de la
Conscience Humaine, des sanctions éternelles, c'est là, c'est précisément là
ce qui s'appelle juger. C'est même le type du jugement. On ne fait pas
mieux.

Non que je doute le moins du monde de l'absolue sincérité de Vercors,
de Martin-Chauffier ou de Jean Cassou. De toute évidence, ils n'ont pas
voulu cela. Alors ? Que se passe-t-il, et qu'est-ce donc qui vient trans-
former, à leur insu, leur humeur en arrêts éternels, leurs souvenirs en
sanctions - leur mystique en politique ?

Je le chercherai.

JEAN PAULHAN

Lettre
aux membres du C.N.E.

Chers amis

je ne suis pas un Politique.
Que la société, et le monde en général, aient besoin d'être
changés, c'est ce qui crève les yeux. Quant aux moyens de
les changer, je les laisse à plus savant que moi. Ce n'est
pas mon affaire. Tout ce que je demande aux Politiques,
c'est qu'ils se contentent de changer le monde, sans commencer par changer la vérité. A parler franc, je n'ai là-
dessus qu'un principe, mais je m'y tiens ferme : c'est
que le mensonge, la tricherie, la contradiction ne valent
rien pour une cause juste.

∞

L'épuration, vous le savez, mène la vie
dure aux écrivains. Les ingénieurs, entrepreneurs et maçons
qui ont bâti le mur de l'Atlantique se promènent parmi nous bien tranquillement. Ils s'emploient à bâtir
de nouveaux murs. Ils bâtissent les murs des nouvelles
prisons, où l'on enferme les journalistes qui ont eu le
tort d'écrire que le mur de l'Atlantique était bien bâti.

C'est ainsi que nous autres gens de lettres
avons fait fortune, il y a trois ans. Je parle d'une fortune
morale. Voilà qui était neuf. Toutes les fois qu'un écrivain avait suffisamment fait l'éloge du crime ou de
l'immoralité, on prenait le parti jusqu'alors de l'appeler

à l'Académie Française. Il commençait aussitôt à voir les choses d'un autre œil ; cependant, ses disciples vieillissaie: modestement au bagne.

Mais vous avez changé tout cela : le criminel vous a paru moins coupable que le littérateur qui l'invite au crime, le traître plus digne de pardon que l'idéologue qui lui conseille la trahison. Vous décidiez de vous en prendre désormais à l'auteur plutôt qu'à l'acteur, à la cause plutôt qu'à l'effet. Voilà qui n'était pas seulemen: neuf, mais juste et sage. Dans un monde où la Justice peu sûre, et partagée entre ses jurys d'exception, ses lois vagues, ses magistrats de Pétain, n'a que la ressource absurde de se montrer implacable, nous allions recevoir enfin notre pleine responsabilité.

— Et d'où serait venue sinon l'extrêm autorité du C.N.E., celle du vieux maître qu'il s'est choisi : Romain Rolland ; celle de son poète : Paul Eluard celle de son franc-tireur : Julien Benda ; celle de ses présidents passagers, celle de son secrétaire inamovibl Aragon ? D'où serait venue le respect, que chacun porte à ses décisions ? D'où serait venue la vertu des principes qu'il invoque ?

Ou plutôt du principe je n'en vois guère qu'un, jusqu'à présent.

౮

C'est la patrie. C'est un peu moins encore: c'est la patrie à l'état brut, avant même la conscience que l'on en prend, avant même la volonté que l'on forme de lui appartenir, de l'améliorer, de la défendre. D'un mot,

la nation. Le seul grief que vous reteniez contre les écrivains
portés sur votre liste noire, ce n'est ni l'erreur ou la cupi-
dité, ni la bassesse ou le goût de l'avilissement, c'est le
"crime irréparable (le tort irréversible), fait à la nation". (L.F. 22, 11, 1946)

Votre secrétaire général, Aragon, y revient
cent fois. C'est lorsqu'il marque, par exemple qu' "il y a, au
dessus de nous, une réalité commune, une force qui nous
emporte et dont il est impensable que nous puissions être
détachés, c'est l'histoire de la France c'est la France".(L.F.
5, 7, 1946). Voilà qui paraît clair et probant. Toutefois, il
s'est trouvé de mauvais esprits pour soutenir que nous
n'aurions pas vu tant de guerres atroces, sans la confiance
presque insensée que mettent dans leur nation certains
peuples d'Europe. Je soupçonne mille autres objections.
Je n'ai pas besoin de les inventer, elles ont été faites.

Chose curieuse, elles n'ont pas toujours été
faites par vos adversaires.

∞

Ce n'est pas Châteaubriant qui nous montre comment
"une conscience libre prenait, en 1914, congé de ce vieux
fétiche sanglant, la Patrie":

> Patrie, pourquoi nous as-tu trahis? Pourquoi ces combats?
> Pour notre liberté? Tu fais de nous des esclaves. Pour notre
> conscience? Tu l'outrages. Pour notre bonheur? Tu le saccages.

Non, c'est Romain Rolland. Il ajoute:

> Nous avons livré nos fils. Passe encore pour ceux qui
> croient à la vieille idole hargneuse, envieuse, poissée de sang
> caillé — la Patrie barbare. Mais ceux qui ne croient plus, qui
> seulement veulent croire (et c'est moi! c'est nous!) en sacri-
> fiant leurs fils, ils les offrent à un mensonge, ils les offrent
> pour se prouver à eux-mêmes leur mensonge. (Clérambault,
> pp. 156, 159.)

(Je crois que Rolland veut dire: pour se prouver à eux-mêmes que leur mensonge n'en était pas un.)

Ce n'est pas Maurras qui donne aux intellectuels ce conseil :

> Vous devez être ceux qui rougissent d'avoir une nation... Appelez de toutes vos forces le ridicule sur la passion nationaliste. Montrez qu'elle fait de ses tributaires de véritables pantins, capables de toutes les palinodies ...

Non. C'est Julien Benda, qui poursuit :

> Si les Hohenstaufen avaient su unifier l'Allemagne et l'Italie, c'était la paix du monde et sa beauté pour de longs siècles ... On ne reverra plus l'homme qui, pour unifier l'Europe, pense à la conquérir et la traite ensuite comme sa chose (Discours à la nation européenne. 1933 :)

(Mais si, on l'a revu. Ne regrettez rien.)

Ce n'est pas Lucien Rebattet qui écrit, à propos des morts de 1914 :

> Une nouvelle religion s'est établie depuis la guerre ; une religion plus absurde et plus laide encore que les autres : celle des morts. Et de quels morts ! Il leur fallut, pour se battre, être revêtus d'une livrée .... Honte à tous ces guerriers gardés par des gendarmes. Et surtout, honte à ceux qui sont morts, car ils ne se rachèteront pas.

Non, c'est Paul Eluard. Et plus loin :

> Les esclaves morts sont toujours des esclaves, le néant. .. Il y a quinze cent mille morts, il y a dix millions de morts, il y a quinze cent milliards de morts ... La paix ! (La Révolution surréaliste, 15 Oct. 1925.)

(Nous avons connu depuis d'autres morts, et jusque dans les poèmes d'Eluard.)

Et ce n'est pas Drieu la Rochelle enfin qui s'écrie :

> Plus encore que le patriotisme, qui est une hystérie comme une autre, mais plus creuse et plus mortelle qu'une autre, ce qui nous répugne, c'est l'idée de Patrie, qui est vraiment le concept le plus bestial le moins philosophique, dans lequel on essaie de faire entrer notre esprit.

Non. Vous avez reconnu Aragon, qui dit encore :

> Mon pays que je déteste, où tout ce qui est français comme moi me révolte à proportion que c'est français. J'arrache de moi cette France qui ne m'a rien donné que de petites chansons et des vêtements bleus d'assassin.... Riez bien. Nous sommes ceux-là qui donneront toujours la main à l'ennemi. (La Rév. surr. 15 Oct. 1925.)

(Drieu la Rochelle écrivait tout le contraire. Sa faiblesse — à lui qui fit preuve en quatorze du plus grand courage — sa faiblesse fut sans doute d'avoir été par la suite hanté de sa patrie, tout prêt à désespérer d'elle, s'il la voyait abandonnée.)

Ici, l'on me dira que jamais personne n'a attendu de Julien Benda autre chose qu'un point de vue de Sirius. soit. Cependant je vous dix écrivains, vous ne le leur pardonnez guère, qui semblent avoir contemplé de Sirius tous nos derniers combats : Montherlant, Giono, Thérive. L'on me dira que personne n'a demandé à Paul Eluard un conseil politique. Mais si ! J'ai vu Brasillach prêter la plus grande attention aux conseils politiques d'Eluard — Brasillach, dont le père justement était l'un de ces morts de quatorze. L'on me dira que jamais personne n'a considéré Romain Rolland comme un penseur Mais si ! Mais si ! Je connais au moins un homme, qui considérait Rolland comme un grand penseur (et réciproquement) c'est ce même Châteaubriant, que Rolland appelait son "jeune frère au nom de gloire". L'on me dira que personne n'a pris un instant Aragon au sérieux. Mais je sais un homme qui admirait Aragon, qui le prenait même au tragique : c'est l'infortuné Drieu la Rochelle.

Comprenez-moi. Je ne vous reproche pas d'avoir varié Je n'imagine pas un instant que ce soit — comme disait Rolland — pour vous prouver votre mensonge et donner force de vérité à votre nouvelle foi, que l'on vous voit soudain si inflexibles. Votre revirement a certes ses raisons ; au nombre desquelles, je le veux, la sincérité ; je le crains, la nuance avantageuse du mot patrie. Puis, il s'est passé, depuis quinze ans, des événements que vous étiez loin de prévoir. (Mais l'imprévoyance est-elle une vertu ? Somme toute, ni Drieu ni Montherlant ou Thérive ne prévoyaient, eux non plus, l'horreur des camps de concentration et des chambres à gaz.)

6

Nous sommes entre amis, je ne voudrais blesser, aucun de vous. Laissez-moi seulement répéter la question que je vous posais, dès notre première réunion à ciel ouvert. Je me demande, quand je vous vois tout acharnés à la mort d'un Brasillach ou d'un Rebattet — furieux, et parlant avec Claude Morgan d'*insulte à tous nos martyrs* (L. Fr. 18. 4.47) si d'aventure quelque victime vous échappe — je vous demande, si vous êtes tout à fait innocents de ces hommes, que si allègrement vous envoyez au poteau d'exécution. Je vois trop qu'ils se sont bornés la plupart à profiter des leçons, que nous autres hommes de gauche leur avons données. Et je veux bien qu'ils en aient profité à contre-temps. Mais c'étaient nos leçons. Cependant vous n'arrêtez pas de parler mémoire, souvenir, fidélité à soi-même. On dirait à vous entendre — à vous voir faire — que vous venez d'inventer la responsabilité de l'écrivain... Si j'étais moraliste ou politique, c'est, je crois, la cruauté de l'épuration qui me frapperait d'abord. Mais je ne suis guère qu'un grammairien, et c'est son hypocrisie

         Ah, je me demande encore, je ne me demande pas sans doute ni sans anxiété, si votre idée de la patrie est aujourd'hui devenue si ferme et si juste, qu'elle vaille la vie d'un homme, qu'elle vaille dix ans de la vie d'un homme, qu'elle vaille dix jours de la vie d'un homme.

            Salut et fraternité

              Jean Paulhan.

le 6 Juillet 1947.

DERNIERE

LETTRE

~~SECONDE~~

L E T T R E

———

    J'ai été plutôt surpris de l'aventure.
Mes camarades n'arrêtaient pas de me dire : " Mais parlez donc !
Que défend le C N E ? La liberté de la pensée. C'est l'article
cinq de sa charte. Voyez plutôt !. "

    Pauvre de moi, je me méfiais un peu. Je
voyais bien dans cette charte un autre article, par lequel les
membres du Céné s'engagent à ne jamais désavouer " les principes
qui ont porté la France à la pointe des nations ". Que la France
soit à la pointe, ça me flatte. Mais quels principes, la charte
ne le disait pas. Enfin je ramasse mon courage, et je dis timidement - remarquez que c'était dans une conversation, même pas
dans un article - je dis timidement : " Il me semble que j'en
vois, dans les écrivains que vous dénoncez qui seraient plutôt
moins coupables qu'un Rimbaud, un Romain Rolland..."

    Il se trouve un journal pour rapporter
ce petit propos. Aussitôt, grand vacarme. On m'assène une lettre
publique (et je ne dis rien des privées) signée par seize bons
écrivains qui m'adjurent - d'ailleurs poliment - de changer d'
avis au plus tôt; une page spéciale des <u>Lettres Françaises</u>, composée par Aragon, qui m'accable sous cent études, citations, sou
venirs, anecdotes, considérations générales, échos anonymes; une
soirée commémorative en Sorbonne à la gloire de Rolland, une in-

-2-

tervention, en plein congrès de Strasbourg, du Dirigeant responsable de la littérature au P.C. (il s'appelle Casanova). L'on di
cute, en réunion du Comité Directeur, si l'on ne va pas me cou-
cher à mon tour sur la liste noire. Jusqu'au journal où a paru
mon petit propos, qui se hâte de me désavouer.

　　　　　　Vous allez penser sans doute qu'on
me donne plus d'importance que je n'en ai. Ah, c'est bien mon
avis. Mais enfin, il faut avouer que c'est drôlement curieux,
tant de tapage pour si peu de chose. Il s'agit bien de moi là-
dedans !.. Quel principe ai-je pu violer ? Qui donc ai-je dérangé ? Que se préparait-il ? (blanc)

L'ennui, c'est que j'ai raison. Il faut avouer que ça n'est pas
gai, d'avoir raison. Moi, j'étais parti pour tout autre chose.
Remarquez qu'un écrivain (à mon sens) a parfaitement le droit de
se tromper; (même sur Romain Rolland); d'être hasardé, hasardeux
Après tout, ce n'est ni un prêtre, ni un mage. Il y a dans toute
oeuvre qui sort de ses mains une part de risque et de chance, il
faut se lancer pour écrire, sans quoi l'on n'écrirait jamais.
J'en vois plus d'un parmi les meilleurs qui travaille à la façon
d'un artisan, construit par à-coups, se corrige sans cesse et
grandit d'erreur en erreur. Puis, on nous demande tous les jours
de nous prononcer sur mille sujets que nous n'avons pas eu le
temps d'étudier : la structure de l'Etat et la condition ouvriè-
re, l'amour et la bombe atomique, quand ce n'est pas la conditi
humaine. Même si l'on réserve ses conclusions, le lecteur, lui,
n'ira pas par trente six chemins. Que de chances d'illusion !...
Et qu'il faut donc de courage pour écrire.

　　　　　　On voit de reste où je voulais en
venir : à glisser dans la charte du Céné un petit article, qui

reconnût à l'écrivain le droit à l'erreur. J'aurais donné volontiers mon propre exemple.(Ce sont les meilleurs). Eh bien, c'est
fini. Il se trouve, par malchance, que j'ai raison.

× ×
× ×

Je me défends donc, comme je peux. Je cite mes textes. Il
est arrivé à Aragon, du temps qu'il s'engageait lui-même à tendre
la main à l'ennemi, de démontrer sur d'assez bonnes preuves que
Rimbaud incarnait le défaitisme en temps de guerre. Je donne quel
ques-unes des preuves : ça le ravigotait, de voir les Prussiens,
les francs-tireurs lui paraissaient de pénibles idiots. Bien.
Quant à Romain Rolland, voici comme il explique sa conduite de
1914 : la cause des Alliés dit-il, était " un crime contre l'humanité "; mais la cause des Allemands, celle du travail et de la
droiture. Tant que <u>trahir</u> voudra dire trahir, et <u>cause</u>, cause, ce
sera là ce qu'on appelle trahir la cause de son pays. S'il disait
vrai ou faux, remarquez que je n'ai même pas posé la question.)
Bien. Je cite donc Romain Rolland. Je découvre, dans les communi-
qués du Céné, divers autres faux ou truquages. Je continue.
<u>(blanc)</u>

     Voici un pays partagé entre Rouges
et Blancs. La Direction des affaires, pour le moment, est blanchâ
tre. Vient un jour où les Rouges disent : " Vous nous avez eus
jusqu'ici. Nous en avons marre. La guerre peut arriver, nous ne
défendrons notre pays que s'il devient rouge. " Naturellement, le
Blancs sont vexés. Ils marmonnent quelque chose comme : " Tous
des traîtres, ces Rouges. Patience. Le moment venu, il faudra bie
qu'ils marchent, ou alors, douze balles dans la peau."

     Cependant, après quelques années,
le pouvoir passe, sinon aux Rouges, aux Roses. C'est au tour des

Blancs de se mettre à dire : " Qu'est-ce que vous faites du
pays ? Ce gâchis, cette pagaille ! vous nous répugnez. Vienne la
guerre, il ne faudra pas compter sur nous.- Quels dégoûtants !
disent les Rouges. Voyez-vous ces gens qui nous bourraient le
crâne avec leur patrie. Patrie de leurs petites rentes et de leu
portefeuille et de leurs treustes, oui..."

Là-dessus, la guerre arrive pour
de bon, et personne ne peut dire que les Blancs, ni d'ailleurs
les Rouges, y soient très brillants. C'est qu'on ne sait pas au
juste qui l'a déclanchée. Les Rouges prétendent que c'est les
Blancs; et les Blancs, les Rouges. De sorte que chacun se croit
en droit de rester sur ses premières positions. Le grand chef
des Rouges déserte (à l'étranger). Le grand chef des Blancs en
fait autant (à l'intérieur) : c'est-à-dire qu'il accepte - s'il
ne l'a pas sollicité - le pouvoir des mains de l'ennemi. Il en
profite, toujours d'accord avec cet ennemi, pour massacrer pas
mal de Rouges.

Cependant, l'occupation prend fin,
la patrie est libérée (avec l'aide de quelques armées étrangère:
Les Rouges reviennent au pouvoir. C'est à leur tour d'extermine:
un peu les Blancs. Libre à eux, ils ont la force. Ah, mais ça
ne leur suffit pas, ils veulent encore avoir le Droit. Quel
droit ? " Les lois, disent-ils, se prononcent... - Parlons-en.
Ce sont les mêmes lois, qui vous accablent depuis cinq ans.-
Ces Blancs ont trahi la Patrie.- Vous conveniez vous-mêmes de
la trahir, ce sont vos disciples. Avouez simplement la vérité.
Vous les exterminez parce qu'ils sont blancs.

-5-

Il vient toujours un moment où il
faut laisser l'allégorie, et carrément mettre en jeu Paul et Jac
ques. Eh bien, je puis librement parler d'Henri Béraud. Je n'é-
prouve à son égard, je puis l'avouer, ni sympathie, ni admiration. Ses romans me paraissent médiocres; ses campagnes politiques, basses. Cela dit, pourquoi diable l'avez-vous condamné à
mort ? Parce qu'il avait cherché querelle à Gide ? (Là, ce serai
une raison plus sérieuse, mais j'ai peur que tout le monde ne
l'ait oubliée). Dites la vérité : vous avez frappé l'homme dont
les articles provoquèrent, vers 1936, le suicide du ministre
Salengro (qu'il accusait précisément de désertion en temps de
guerre, c'est un point où vous êtes chatouilleux).

Parce qu'il avait blagué l'amiral Muselier ? Parce qu'il malmenait l'Angleterre ? Allons donc !

Au fait, et Charles Maurras - lui,
bon écrivain, et sans doute grand écrivain, qui ne cessait de
dénoncer les projets guerriers de notre ennemi (vers le même
temps, où vous proposiez le désarmement de la France), qui annor
çait en 1919 la venue d'Hitler (à qui vos amis devaient vingt ar
plus tard s'allier), qui proposait dès 1918 le régime (que vous
décidez aujourd'hui seulement d'appliquer à l'Allemagne) ? Tant
de clairvoyance valait-elle la mort, la prison perpétuelle ? Je
sais trop, qu'à force de chercher dans les dix mille pages qu'il
a pu écrire sous Vichy, vous avez trouvé deux lignes qui ressem-
blent à une délation. Est-ce là votre raison ? Et ce que vous lu
reprochez de vrai, n'est-ce pas plutôt sa garde du corps, ses me
naces à la République son complot perpétuel - cette préfigure
enfin de la Terreur que vous tentez de faire aujourd'hui peser
sur notre pays ?

- Et la République n'aurait-elle
donc pas le droit de se défendre ? - Ah, certes ! Mais en ce ca

dites-le. N'allez pas chercher une prétendue trahison à laquell
personne, ni vous, n'avez jamais cru. Je ne me mêle pas ici de
politique, c'est votre hypocrisie qui m'irrite. Je crains de
voir qu'elle gouverne toute votre Épuration, qu'elle en expliqu
l'arbitraire et les tortures : ces Tribunaux d'exception, ces
jurys de vengeance qui crachent à la figure d'un accusé, tant
d'appels à la délation, dix mille procès ineptes et ces fureurs
de partisans où risquent de s'évanouir (si ce n'est déjà fait)
l'unité française.

Laissons cela, qui n'est pas mon
affaire. (Je dis simplement, en passant ce que chacun peut voir
Pour le reste, je ne prétends rien, que vous ne reconnaissiez
vous-mêmes. On demande à Julien Benda : " Si pourtant l'Allemagne nous avait apporté un régime meilleur que le nôtre ? - J'au
rais tenu la politique de collaboration, répond-il, pour un bie:
fait des dieux. " (I)   Que reprochez-vous donc, Benda, à ces
collaborateurs dont vous exigez tous les jours le massacre ?
Est-ce d'avoir trahi leur patrie ? Non, si vous étiez prêt à le
faire. C'est d'avoir cru à la vertu d'un régime politique, que
vous exécrez. C'est d'appartenir à un parti, qui n'est pas le
vôtre. - Mon patriotisme, dit-il... - Mais non, Benda, vous n'
êtes pas patriote. Vous êtes partisan, c'est tout différent.
Les mots ont un sens précis, qu'il vaut mieux respecter. Le
goût des valeurs morales, l'amour des peuples, le désir d'une
bonne constitution sont de bons sentiments. Mais ils ne sont
pas le sentiment qu'on appelle patriotisme. Non, pas plus que
l'exotisme ou l'anthropophagie. Et qu'est-ce donc que le patriotisme ?

Eh bien, la France est un élan

(I) Cf. J. Teppe. Enquête sur le nationalisme. p.6.

qui va de la Révolution de 89 (et de bien plus loin que la Révo
lution de 89) à la révolte du Maquis. C'est aussi un pays de co:
lines et de plaines, qui mène son petit chemin du Rhin aux Pyré
nées. Et le patriotisme, c'est de ne pas plus séparer cette Fra:
ce charnelle de la France spirituelle que la face, dans un homm(
ne se sépare du profil : c'est l'amour de son pays; c'est aussi
la décision que l'on prend de le rendre meilleur. C'est de vouloir le triophe des valeurs morales, sans doute. C'est aussi de
le vouloir par et pour sa patrie. Et je ne nie pas qu'il n'y ai·
là un sentiment étrange, et même paradoxal. Mais l'amour a ses
mystères; chacun sait qu'une mère aime ses enfants et n'a pourtant de cesse au prix de mille embêtements et tracasseries -
qu'elle ne les ait, dit-elle, améliorés. Si elle prend le parti
de coller sa petite fille à l'Assistance Publique pour en adopter une autre, qui lui paraît plus vertueuse ou plus intelligen·
te, je dirai peut-être que cette mère montre un goût louable
pour l'intelligence ou la vertu. Mais je ne dirai pas, non, je
n'irai certes pas dire qu'elle montre un grand amour maternel.
Ni Benda, un vif patriotisme.

Voici où je voulais en venir :
tant qu'ils n'auront pas décrété qu'il existe des opinions poli·
tiques coupables, et dignes de mort, les pacifistes de 1914
n'ont pas le droit de se montrer si agressifs pour les pacifistes de 1940. Ni les fusillés de 1915 (si je peux m'exprimer ain·
si) de regarder de si haut les fusillés de 1945." Du simple
point de vue de la patrie, ils se valent : c'est blanc bonnet
et bonnet blanc.

1 l. blanc

-8-

Cela dit, pourquoi n'y aurait-il pas des opinions coupables ? Des opinions qu'il faut châtier ? Voilà une question intéressante, et qui mériterait l'examen, je ne dis pas d'Aragon, mais de Vercors par exemple ou de Martin-Chauffier. Ayez du moins le courage de la poser. Avouez franchement votre pensée : c'est que la France impérialiste de 1870 ne valait pas l'amour de Rimbaud; ni la France réactionnaire de 1914, l'estime de Romain Rolland; ni la France bourgeoise de 1930, la fidélité d'Aragon; ni la France radicale de 1939......

    - Nous avons changé, disent-ils.

       .
    . .

x Vous avez décidé de changer. Vous pensez avoir changé. Soit. Mais ceux que vous dénoncez, eux aussi, peuvent avoir changé. Avez-vous songé à les interroger, avan de les porter sur votre liste noire ? ou serait-ce qu'il est lou able de changer d'avis en six ans, détestable en six mois ? Puis je vois sur cette liste plus d'un vétéran de la Marne et de l'Ar tois, plus d'un engagé volontaire des deux guerres. Ici et là, blessés, cités. Voilà des hommes qui ont fait de reste la preuve de leur sentiment. Que ne les laissez-vous bénéficier tout au moins, si votre nouvelle ardeur est sincère d'une obscurité de faveur ?

Il vous faut des noms ? Eh bien, je trouve sur la liste Armand Petitjean : chef de groupe franc en 39 et combattant du premier jour; cité en 40 et qui revient de guerre avec une seule main, la gauche. Il se bat pourtant, dès 43, dans les combats de la Libération, recrute à la demande du nouveau préfet, mille garçons qui feront le coup de feu dans les rues de Paris, aux jours de la délivrance. Bien que réformé définitif il parvient à repartir au front, caporal dans un goum marocain, se voit pour la deuxième fois cité dans les Vosges; pour la troisième fois en Allemagne. Voilà un héros que j'envie. Vous le portez, non sur votre tableau d'honneur, sur votre liste d'infamie, pour quelques méchants articles, qu'il a écrits sous Vichy.

Que les ouvriers de la onzième heure soient entre tous fêtés, d'accord. C'est aussi bien ceux-là dont on commençait à désespérer. Mais quand ils se mettent à coffrer ou étrangler les ouvriers — mettons, si vous aimez mieux

-IO-

les esclaves - des dix heures précédentes, chacun peut trouver
qu'ils exagèrent. Chacun commence à se demander pourquoi ils exagèrent.

Pourquoi donc exagèrez-vous ? Il
me semble qu'un patriote sincère est plus calme et plus modeste.
Il ne tripote pas les textes. Il ne crie pas sur tous les toits
qu'il est superpatriote. Il ne cherche pas à convertir à tout
prix les antipatriotes des siècles passés. Non. Il douterait
plutôt de son propre patriotisme. Il admet très bien que Rimbaud
ne soit pas moins dégoûté de son pays qu'il l'est de sa mère :
il arrive qu'un grand poète soit un mauvais garçon. Il tolère
très volontiers que Romain Rolland ait mis vingt-cinq ans à comprendre le sens de la guerre de quatorze : c'était une âme généreuse, se dit-il, mais un esprit confus. Quand Martin-Chauffier
dit : " moi je ne juge pas ", il ne fait pas dire à Martin-
Chauffier : " c'est la Patrie qui juge à travers moi, elle vous
condamne à mort ". Quand Vercors dit : " Ils me dégoûtent, telle
est mon humeur ", il n'ajoute pas : " c'est une humeur purement
patriotique ". Si Jean Cassou dit qu'il fait beau temps, il ne
traduit pas : " Voilà un temps vraiment français ". Bref, il ne
triche pas, et, s'il lui est arrivé d'écrire que la patrie était
un fétiche sanglant, il n'explique pas que c'était la patrie des
autres, la patrie des treustes et des portefeuilles, non pas la
sienne, la vraie, l'unique. Non. Tous ces petits mensonges lui
sembleraient plutôt sordides. Mais sordide est peu dire. Comprenez-moi. Il est grave que vous mentiez.

Qu'un fasciste mente, ça n'est pas
très important. Il est possible qu'il mente par conviction. Il

estime - c'est même ce qui le fait fasciste - que le peuple n'a
pas droit à la vérité, qu'il ne la supporterait pas, que ça lui
monterait à la tête. Donc il ment, si je peux dire, loyalement.
Quand Maurras soutient mordicus que Dreyfus est coupable, tout
ce qu'il veut dire c'est qu'il serait souhaitable et correct,
c'est qu'il vaudrait mieux pour tout le monde, que Dreyfus fût
coupable. C'est que Dreyfus lui-même, s'il était bon patriote,
conviendrait qu'il est coupable. (Nous avons connu d'autres procès, où Dreyfus se laissait convaincre). Bien. Mais le démocrate,
lui, commence par admettre que le peuple a droit à la vérité comme il a droit au bonheur - et même que les deux ne font qu'un,
que mensonge et malheur vont de pair. Donc un démocrate qui ment
commence par se mentir à lui-même. Il ment deux fois. Il trahit
la vérité. Ce serait peu : il trahit à la fois ses principes et
sa raison d'être. Il porte témoignage contre la démocratie. Il
s'humilie, et nous humilie tous. Il se dégrade, et nous dégrade
tous. Il faut enfin que la raison qui le fait mentir soit mille
fois plus grave que celle du fasciste, mais quelle raison, et
qu'avez-vous donc à cacher ? *blanc*

    Ici l'on va me dire que j'enfonce
des portes ouvertes. Monsieur Claude Morgan est tellement surpris
de voir que je le soupçonne de bonne foi, qu'il parle à mon propos d'ingénuité, et même, de fausse ingénuité. Va pour la fausse
ingénuité. Voici donc ce que j'entends dire de tous côtés et j'
hésitais à le croire jusqu'aujourd'hui : c'est que vous étiez
prêts, - c'est que vous l'êtes encore - à accueillir, comme Benda, les bras ouverts un *étranger/* ennemi qui vous eût imposé le régime de
vos rêves. C'est aussi qu'il n'a tenu qu'à un hasard de l'histoi-

-12-

re - la guerre déclarée par un gouvernement de réaction à la
Russie, plutôt qu'à son alliée l'Allemagne - que vous fussiez
vous les collaborateurs; mais un Brasillach, un Rebatet, les héros de la Résistance. Bref, que vous avez été de bons français
d'occasion, et des Résistants de circonstance.

L'accusation est grave, je le vois
bien. Est-ce une raison pour perdre la tête, et ne voyez-vous pas
que ce sont vos mensonges, vos tricheries qui viennent enfin lui
donner force et vérité ? N'allez plus me dire que vous êtes patriotes. Je vous vois tout occupés à démontrer que vous l'êtes,
que vous êtes même superpatriotes, que tous les autres sont d'affreux antipatriotes. Oui, mais vos preuves sont fausses, et vos
témoignages truqués.

-I3-

Il s'agissait de votre liste noire.
Que vous dire ? Nous avons eu de tout temps, dans les Lettres,
quelques policiers amateurs : Restif, Murger, Casanova (l'autre,
le vrai) chose curieuse : tous trois, auteurs érotiques ~~(comme
aragon)~~; mais nous n'en étions pas autrement fiers. Au mieux,
nous nous disions : il faut bien vivre.

Ah, il est sûr aussi que l'ardeur
du combat, les périls de la République, l'amour sacré - disait
Saint-Just - de la patrie, peuvent justifier, peuvent même enno-
blir la délation.

Mais qu'est-ce qu'un délateur sans
la foi ? Un délateur qui ne croit même pas à la cause, au nom de
laquelle il trahit ses confidents et ses amis ? C'est moins que
~~le dernier des bourres.~~

Me direz-vous : " Et qu'est-ce qui
va rester au Céné, si nous lui retirons sa liste noire ? " Ah,
les sujets, vous en trouverez autant qu'il vous faut. Mais il en
est un que je veux vous proposer tout de suite : Faites-moi mentir à mon tour. Accablez-moi. Décidez de demeurer dans l'avenir
fidèles à votre passé. Jurez une fois pour toutes - quel que soit
l'Etranger qui cherche à forcer du dehors la conduite de notre
patrie; qui sait ? qui en vienne peut-être à occuper un jour la
France, appelé (comme l'a été l'Allemagne) par plus d'un Français
jurez de mener contre lui la même lutte et la résistance qui nous
ont naguère réunis. Préparez dès aujourd'hui cette lutte. Si faible que je sois, et d'un si maigre secours, je serai fier de la
mener à vos côtés. C'est tout ce que j'avais à vous dire.

Salut et fraternité.

Sélection des principales réactions à la publication de la *Lettre*

'Lettre à un transfuge de la Résistance' par
Louis Martin-Chauffier
Figaro littéraire, le 2 février 1952

Mon cher Paulhan,

Vous m'avez envoyé 'très amicalement' le pamphlet que vous adressez sous forme de lettre 'Aux Directeurs de la Résistance' (?). Je l'ai ouvert avec méfiance, j'en ai commencé la lecture avec dégoût, je l'ai poursuivie avec ennui.

Vous avez accompli une mauvaise action. Et fort délibérée. Et trop tard pour votre honneur. A défaut du moindre risque et à l'encontre de la vérité, il y aurait eu du moins quelque mérite à écrire en 1945 ou 1946 que les Résistants étaient des imbéciles vaniteux, traîtres et lâches, devenus une bande d'assassins après la Libération; et les collaborateurs, de bons Français dévoués au seul régime légal, celui de Vichy, innocentes victimes de l'arbitraire, de l'injustice et de la cruauté.

Vous n'en avez rien fait. Quand Mauriac publiait son article pour sauver la tête de Béraud et que *Le Figaro* prenait position contre les excès de rigueur, vous êtes resté silencieux. Je ne vous le reproche pas, il est permis de n'aimer pas l'indulgence. Mais, cinq ans après, quand les prisons politiques ont recraché leur lie dans la rue, rendant pêle-mêle à la liberté les criminels de guerre, les bourreaux des camps, les politiciens corrompus, les hommes d'affaires et d'industrie marrons et les écrivains ou journalistes asservis, prendre alors leur défense et passer à l'attaque et à la calomnie, c'est avouer que l'injure succédant au silence sont deux formes du plus prudent opportunisme. C'est de cela qu'on vous demande compte. Car, maintenant que vous prenez parti pour les nouveaux triomphateurs, vous devez expliquer aussi pourquoi vous vous êtes tu lorsqu'ils payaient leurs méfaits.

Vous sortez aujourd'hui de votre manche quatre cent mille victimes de l'épuration, frappées par des ministres contre la loi, par des magistrats contre le droit et la justice, par des jurys d''assassins'. Vous conviendrez que, parmi ces prétendues victimes, il y avait bon nombre de coupables, un lot de vrais criminels, et qu'il n'y a pas lieu d'ergoter si le service de l'ennemi était une forme de patriotisme, puisque le seul gouvernement légitime, à vos yeux, était son premier serviteur. Ces sophismes maurrassiens où vous vous empêtrez, qui ne tiennent aucun compte de l'occupation ni de ses crimes (il n'en est pas question dans votre libelle), de la complicité du régime mis en place et en sujétion par un vainqueur impitoyable, de la bassesse étalée partout, pour la sécurité de la vie, l'attrait du profit ou l'assouvissement de la haine, n'ont d'autre fin que d'établir dans les esprits une confusion préalable qui vous permettra par la suite de tricher d'un air franc, en invoquant la vérité, qui souffre tout.

Je vous accorderai qu'il y a eu des injustices commises après la Libération, des vengeances privées, des condamnations trop lourdes. Il y en a eu aussi de trop légères, et des acquittements scandaleux. Les cadres allemands, les administrations françaises, le barreau, la presse, l'industrie, les vitrines des libraires regorgent de ces victimes que vous plaignez tardivement, quand elles relèvent la tête et n'aspirent plus qu'à la vengeance. On en trouve jusque dans votre propre bureau. Oserez-vous affirmer que ce changement-là n'a pas déterminé le vôtre? Il faut savoir être conformiste: se faire quand les loups sont en cage, hurler avec eux quand la bande est lâchée.

Vous dites: 'Je suis résistant. J'ai commencé à l'être dès le mois de juin quarante.' Il est vrai; vous l'avez été des premiers, vous l'êtes demeuré jusqu'au bout, vous avez pris vos risques, tâté de la prison; bref, vous avez eu ce qu'on appelle une belle conduite.

Je me suis toujours demandé pourquoi. Vos meilleurs amis étaient demeurés sur l'autre rive, celle où il était prudent, utile et profitable de planter sa tente à l'ombre du vainqueur. En même temps que vous rédigiez de petits papiers dans les journaux clandestins, vous racoliez pour la très officielle *Nouvelle Revue française* de Drieu, qui, lui, du moins, a toujours suivi sa ligne, sincèrement, et a su perdre, dignement.

Vous n'aviez aucun point commun avec ces hommes ou ces garçons qui sont entrés dans la Résistance pour défendre ce que vous appelez 'ces mots troubles où chacun met ce qu'il veut': honneur, dignité, liberté; on pourrait ajouter: démocratie, dont vous refusez de parler, et même — pardonnez-moi — civilisation. Mots troubles pour un esprit trouble. Forts clairs, en revanche, et vivants quand les valeurs qu'ils nomment sont très précisément et très gravement menacées. Ce sont les valeurs que nous défendions, non les mots. Vous avez confondu, vous êtes un verbaliste impénitent.

Il y avait de tout là-dedans, des chrétiens, des communistes, des socialistes, des radicaux, des modérés, des Croix de Feu; de l'intellectuel, de l'ouvrier, de l'employé, de l'industriel, du commerçant, du fonctionnaire, du militaire. Et puis, il y avait vous.

Vous, qui accusez les Résistants d'être 'non moins lâches, non moins traîtres, non moins injustes que celui d'entre eux qui, sur la table de torture, livrait ses camarades'. Que diable faisiez-vous parmi ces traîtres et ces lâches, en révolte contre votre gouvernement légitime et cet occupant dont vous ne soufflez mot? Non plus, d'ailleurs, que de tout ce qu'ont fait et subi durant plus de quatre ans ces Résistants dont vous étiez. Si attentif à multiplier les victimes de l'épuration, vous ignorez délibérément les dizaines de milliers d'otages exécutés, de maquisards fusillés ou tués les armes à la main, de prisonniers de Vichy ou de la Gestapo, des cent cinquante mille déportés dont sept pour cent sont revenus, dans quel état! Des traîtres et des lâches: deux mots suffisent à les exécuter. C'est bien assez. Les morts ne reviendront pas, on n'entend plus les autres. A quoi bon se gêner?

Je disais tout à l'heure: je me suis toujours demandé pourquoi vous étiez entré dans la Résistance. Je crois, en vous lisant, avoir compris.

Vous avez toujours aimé les jeux pipés, et à brouiller les cartes et les gens, et à déconcerter. C'était un jeu, vous le dites, de faire la rique au vainqueur et de jouer au héros sans croire courir trop de risques (les autres, s'ils ne pensaient pas à l'héroïsme, ni à amasser un petit capital d'honneur, connaissaient les risques qu'ils couraient). C'était un jeu que d'apparaître où l'on ne vous attendait pas, avec un air d'être tout simple qui vous rendait méconnaissable. C'en était un autre, bien plus amusant encore, et à longue portée, que de vous glisser parmi ces hommes qui, eux, ne jouaient pas — sinon leur liberté ou leur peau — de les surveiller, d'attaquer plus tard ces irréguliers, ces clandestins, ces illégaux, qui, dans l'exercice de leur révolte, commettraient bien quelque sottise. Je suis sûr que vous êtes entré dans la Résistance, en dépit de vos amitiés et de vos attraits, pour pouvoir écrire plus tard quelques petits livres de l'espèce de celui-ci, pour la réjouissance de ceux de l'autre rive, que vous rejoindriez enfin, quand ils auraient passé le cap de l'infortune.

Seulement vous n'avez rien compris aux Résistants. Ni à leurs mobiles, ni à leur foi, ni à leur désintéressement, ni au sérieux de leur choix, ni aux souffrances qu'ils ont subies et souvent supportées, ni à leur mort. Ils vous demeuraient étrangers; vous étiez un étranger parmi nous. Vous ne nous l'avez pas pardonné. L'ironie s'est muée en haine. Mais cette haine était sans objet. Il vous en fallait un. Vous avez biffé la Résistance active, la variété de ceux qui la composaient, les années durcs et glorieuses (d'une gloire sans éclat), et, du même coup, pendant que vous y étiez, tous les Juifs livrés par votre gouvernement légitime aux chambres à gaz de Hitler. Ni vu ni connu. Ce temps-là n'a pas existé. Tournons la page. Vos silences contraires et successifs doivent tout de même quelquefois gêner votre conscience, si rusée qu'elle soit et habile à se leurrer elle-même.

Et nous voici dans la confusion majeure, celle qui doit rallier presque tous les suffrages. Pour vous, la Résistance commence après la Libération. Elle n'est composée que d'une bande d'assassins, et ces assassins sont communistes. Communistes ou dupes des communistes. On n'a fait que changer de collaborateurs. Mais c'est de ceux-ci seulement qu'il convient de parler. Les jurés des cours de justice sont des 'techniciens': des techniciens de l'assassinat. Ils ont reçu du parti mission d'exécuter: ils exécutent, couverts par les nouveaux seigneurs de la légalité — MM. Teitgen, de Menthon, André Marie, ministres de la justice, et le procureur général Boissarie, pour ne citer que ceux que vous nommez.

Passez, muscade. L'oppression était légitime; la répression est illégale. Vous voilà tout content d'avoir trouvé cela. Que le régime de Vichy et l'occupant aient couvert, encouragé, glorifié, enrichi les collaborateurs, quand la Quatrième République tient les communistes pour ennemis et les traite un peu comme tels, cette distinction vous échappe. Vous croyez avoir réussi votre tour de passe-passe, sans voir que vous portez de l'eau au moulin communiste. Que le 'Parti des Fusillés' devienne pour vous le Parti des Fusilleurs, il n'importe: pour vous comme pour eux, il est le seul qui incarne la Résistance. Débrouillez-vous avec eux. Tous les autres, vous leur faites la grâce d'oublier qu'ils ont été patriotes quand il y avait quelque mérite à l'être. C'est pour ceux-ci que je parle.

Vous auriez été collaborateur, vous n'aviez droit qu'au dédain: vos calomnies, vos silences et vos sophismes traînent depuis des années dans des feuilles où nul ne va les relever. Mais il se trouve que vous avez été des nôtres, que vous vous acharnez à noircir ceux qui furent vos compagnons, que vous changez de camp quand l'opportunité vous conseille une virevolte.

C'est de cela que nous vous demandons compte.

Louis Martin-Chauffier

Réponse inédite de Raymond Lindon à Jean Paulhan. Double titre: 'Lettre de quelques juristes de la Résistance à M. Jean Paulhan' ou 'Lettre de quelques procureurs de la Résistance à M. Jean Paulhan'[1]

Vous avez choisi le terrain, celui du Code. Et vous avez choisi les armes, le style coup par coup et la phrase en coup de sabre.

Bien. Nous les acceptons. Nous acceptons les armes parce qu'elles vous donnent l'avantage, et le terrain parce qu'il nous le restitue.

Et surtout parce que nous savons que vous êtes un résistant authentique. Si la *Lettre aux directeurs de la Résistance* émanait de l'un de ceux qui, de 1940 à 1944, ont empoisonné l'esprit public, nous lui opposerions un silence méprisant. Mais avec vous, nous voulons bien discuter et entreprendre de gâter vos effets.

Car, à la vérité, les moulinets de votre sabre sont plus brillants qu'efficaces et votre style coup par coup fait plus de bruit que de mal.

Alors, vous trouvez que Pétain, que 'le Maréchal', nous allions presque dire 'votre Maréchal', était légitime? Singulière querelle, que vous n'avez pas inventée, que vous reprenez après tant d'autres collaborateurs et qui, sur le terrain du droit, que vous avez choisi, est sans issue.

Où est la définition de la légitimité? Dans le Code? Allez-y voir, comme vous dites, puisque vous avez commencé à le lire. Allez voir ce que disent les articles 114 et 116, et l'article 127, et l'article 110 et l'article 87 du Code Pénal.

Ils punissent — dans leur texte actuel tel qu'il figure au Dalloz de 1952 — les actes attentatoires à la Charte, la forfaiture du procureur du Roi, et l'attentat dont le but est de changer l'ordre de successibilité au trône, ou la rébellion contre l'autorité impériale.

Oui, notre Code parle encore de tout cela. En italique, bien sûr; en pointillé comme disent les polytechniciens. Mais de façon formelle. Parce qu'on a oublié de le faire disparaître. Et parce que, depuis février 1848 et septembre 1870, les régimes royal et impérial sont toujours littéralement et concomitamment légaux mais ont cessé d'être légitimes.

La légitimité, avant d'être une notion de droit, c'est une notion de fait, mais d'un fait impossible à contrôler parce qu'il existe dans le cœur des citoyens. Un régime, chez nous, est légitime quand il a l'adhésion du peuple, de la majorité du peuple.

Quand de Gaulle est-il devenu légitime puis légal? Et Pétain a-t-il été l'un ou l'autre?

Si vous voulez répondre à cela avec des règles et des principes, alors dites-nous quand le roi de Bourges est devenu légal, et si Henri IV, roi de France en vertu d'un bon et loyal traité, était légitime? Dites-nous quand la révolution française est devenue légale. Dites-nous quand, dans leur partie de chaises musicales autour du trône, Louis XVIII et Napoléon ont cessé d'être légitimes, pour le redevenir.

La réponse à la question, elle est dans un tableau historique: de Gaulle descendant les Champs-Élysées et acclamé par une foule ivre de bonheur; elle est dans l'empressement avec lequel les Français écoutaient la radio de Londres (la bibissi comme disent les amis du Maréchal); elle est dans l'apostrophe du Président du conseil de Pétain souhaitant la victoire de l'Allemagne.

Après cela dites-moi, si vous voulez, que Pétain a eu l'adhésion du peuple en 1940, et qu'il a encore ses partisans et ses adorateurs. Sans doute, de même que le drapeau blanc fut accueilli avec certains transports en 1814, et flotte chez nous de 1815 à 1830. Mais alors, dans le cœur du peuple, lequel était le vrai drapeau: le blanc ou le tricolore?

Laissons donc votre légitimité là où elle doit demeurer: dans la philosophie des révolutions.

Et voyons à quoi vous voulez en venir. A dire que ceux qui ont obéi au gouvernement entre 1940 et 1944 n'étaient dès lors pas des traîtres et n'ont pas contrevenu à l'article 75 du Code Pénal.

Et pour tenter de le démontrer. . . Ah! C'est à croire que vous êtes avocat!

Vous reproduisez bien honnêtement l'article 75 qui punit les attentats 'contre la France' sans parler du gouvernement. Et puis vous demandez 'Qu'est-ce que la France?' Ce ne sont ni des montagnes, ni des ruisseaux, dites-vous; ni une jolie fille à bonnet phrygien; bien sûr, mais si vous en êtes aux timbres et aux pièces de monnaie, je vous répondrai que ce n'est pas non plus un vieillard en képi à feuilles de chêne.

La France, continuez-vous, c'est, selon le Code, le gouvernement.

Ah mais non! Je vous arrête ici, avocat trop habile; il ne faut pas confondre autour avec alentour. Il y a, selon l'article 79, des actes non approuvés par le gouvernement qui sont punis de travaux forcés à temps. . .

Et puis il y a les actes contre la France qui, selon l'article 75, sont punis de mort.

Ce qui prouve que le Code Pénal, avant Vichy et avant les querelles de la légalité et de la légitimité, avait prévu et pensé que la France, ce n'était pas nécessairement le gouvernement. (Les rédacteurs de Codes sont souvent plus malins qu'on ne croit, et, dans leur partie, supérieurs aux hommes de lettres.)

Et voilà pourquoi on a pu valablement, juridiquement, poursuivre en vertu de l'article 75 et au nom de la France, ceux qui l'ont trahie.

Maintenant, venons-en à une autre affaire, la justice de circonstance.

Supposez-vous, dites-vous, qu'un coup de force ait substitué à Daladier, le 1 janvier 1940, un ministère fasciste. Pensez-vous que le nouveau gouvernement aurait eu le droit, une fois la paix conclue, de fourrer en prison les militaires ayant obéi au gouvernement radical? Allons donc! vous écriez-vous.

Si nous croyons devoir répondre à cela c'est que vous utilisez l'argument pour défendre les pétainistes. Et voici la réponse:

Supposons qu'un Président du conseil ait, en 1936, solidaire de son gouvernement, fait une politique explicitement approuvée par la majorité du Parlement. Supposons qu'il ait cessé d'être ministre en 1937. Eh bien, pensez-vous qu'en 1940, le nouveau gouvernement le poursuivrait, et lui tout seul, sans les autres membres solidaires du gouvernement et de la majorité, comme responsable de la défaite et de la guerre?

Pourtant cela s'est fait, et comme le nouveau gouvernement n'était pas sûr de la condamnation, il l'a prononcée lui-même, sans tribunaux, sans avocat, sans dossier, sans rien.

Et tous les partisans de ce gouvernement ont trouvé ça très bien. Alors, qu'aujourd'hui, leurs défenseurs se taisent.

Et arrivons-en à un autre cheval de bataille: la rétroactivité. Il paraît qu'en demandant l'application de l'article 75 à des collaborateurs, alors que le crime de 'collaboration' ne figure pas dans cet article, nous avons fait rétrogir la loi.

Est-ce à vous qu'il faut répondre que, servant de fondement aux lois, il y a le consentement des peuples, que le consentement de celui de France était pour la défense de la patrie, et que si les lois sont faites pour l'avenir, la patrie, elle, se fait tous les jours?

Faut-il vous rappeler encore que, sur le chemin de la rétroactivité, Pétain n'est distancé par personne, lui qui prononçait la déchéance de la nationalité contre des Français morts depuis un mois, et au champ d'honneur s'il vous plaît?

Mais puisque nous sommes sur le terrain du droit, répondons Code en main. Depuis 1939, les intelligences avec l'ennemi, la propagande en faveur de l'ennemi, n'ont jamais cessé d'être un crime, le crime de trahison.

Et la preuve en est qu'en plein vichysme, entre 1940 et 1944, les conseils de guerre en Algérie, condamnaient ceux qui, pendant cette même période, entretenaient des intelligences avec les boches.

Et les collaborateurs le savaient bien. Nous n'avons plus les dossiers sous la main. Mais nous avons des souvenirs dans la tête. Et les plus compromis, dans des intervalles de crânerie, pour conclure leurs articles ou leurs livres, proclamaient le risque qu'ils assumaient: celui d'être fusillés.

Luchaire l'a dit. Et d'autres dont nous taisons les noms par charité, parce qu'ils ne sont pas morts.

Ils savaient ce qui les attendait, et la rétroactivité en leur faveur relève de l'impudence ou de l'ignorance.

N'empêche, continuez-vous alors, qu'avec ou sans légitimité, qu'avec ou sans rétroactivité, votre épuration nous donne la nausée. Nous y voilà.

Eh bien, croyez-vous que nous la trouvons parfaite? Assurément pas, mais nous savions par avance qu'elle ne le serait pas, parce que nous ne confondons pas la Justice divine (telle qu'on l'imagine du moins) avec la justice humaine.

C'est toujours difficile de rendre la justice. On risque de faire comme Ponce Pilate, et Mgr Cauchon, ou alors de faire comme Carrier à Nantes.

Nous nous vantons de n'avoir fait ni l'un, ni l'autre.

Car il faut commencer, cher monsieur Paulhan, par se replacer dans l'atmosphère d'août et septembre 1944. Le peuple était dominé par deux passions: la faim et la colère. Le gouvernement a trompé sa faim. Grâce à nous, il a dominé sa colère.

La colère après la bataille, c'est terrible: les combats de la Commune en 1871 ont fait plus de victimes que la guerre de 1870. Avec notre justice, les atrocités ont été évitées.

Vous parlez de quatre cent mille victimes. Ainsi qu'on vous l'a fait observer, il y a eu beaucoup, beaucoup moins de condamnés. Et ainsi que le disait Jules Renard, comme exagération, c'est un peu exagéré.

Il y a eu en tout 800 fusillés et 40 000 condamnés (un pour mille de la population). Et si l'on avait demandé leur avis aux gens en 1943, et à vous sans doute, vous en auriez annoncé beaucoup plus. Enfin, de même qu'il ne faut pas confondre 40 000 avec 400 000, il ne faut pas confondre fusillés ou condamnés avec victimes.

Et il ne faut pas confondre juge avec criminels.

Car c'est cela qu'il y a au bout de votre pamphlet.

Et parvenus à ce point, force nous est de constater qu'un destin amer nous poursuit: représentants du ministère public, nous ne pouvons nous mêler personnellement et nommément à la bagarre. C'est notre servitude. Ainsi ne nous faites pas reproche de notre anonymat: nous n'avons pas le choix. C'est ça ou le silence.

Et laissez-nous en terminer avec vous, en venant à votre suprême grief: dans les jurys des cours de justice, dites-vous, les communistes ont tout pourri.

Non, ils ont parfois faussé. Et c'était inévitable. Comme dans les jurys ordinaires, les avares ou les naïfs, ou les aigris, ou les primaires faussent parfois les verdicts.

Mais ils n'ont pas tout pourri.

Ce qui, en revanche, a pourri bien des choses, c'est l'argent.

Ah! Cher monsieur Paulhan, si vous aviez été à notre place! Évidemment, on n'a pas tenté de nous corrompre (encore que . . .) mais pour les gens de bonne famille, on a mis en œuvre tout ce qui était décemment possible.

D'abord les témoignages d'autres bourgeois, résistants ceux-là: 'Il était sincère' ou: 'Il était illuminé' ou: 'Il a sauvé les bijoux d'un juif' (combien il y en a eu de juifs-alibis!)

Les certificats de résistance ont servi aussi. Et dans les affaires dites économiques, dans les affaires d'argent, ce fut bien autre chose.

Les maîtres du barreau qui n'osaient pas se présenter pour quelque pâle folliculaire, acceptaient plus volontiers, pour de gras honoraires, de discuter contrainte et réquisitions.

Les certificats de résistance étaient encore plus écrasants, sinon plus authentiques.

Nous avons vu mieux: des inculpés qui, en cours d'instruction, parvenaient à faire tromper des ministres et à être nommés chevaliers de la Légion d'honneur. Ou officiers. Ou même commandeurs.

Parfaitement.

Allez, vous nous faites rire avec vos communistes. Si vous avez raison, les traîtres riches eussent été plus traîtres que les autres.

Au lieu que, parfois, comme dans le proverbe arabe, les traîtres pauvres ont été des traîtres et les traîtres riches, des riches.

Voilà ce que nous avons à vous dire.

Nous avons eu beaucoup de mal dans notre lourde tâche. Et ne nous accusez pas d'avoir terminé dans le sang: ça c'est terminé dans les prétoires d'abord, dans l'amnistie ensuite; en attendant que, grâce à vous, ça s'achève en apothéose.

Mais nous avons la conscience tranquille.

Nous n'avons pas souillé la Résistance.

Note

1 Archives des Éditions de Minuit. Lettre reproduite dans Anne Simonin, *Les éditions de Minuit, op.cit.*, pp.480–485.

'Jean Paulhan
Successeur de Drieu La Rochelle'
par Elsa Triolet, *Les Lettres françaises*, le 7 février 1952

Jean Paulhan, ancien résistant, vient de faire paraître une 'Lettre aux directeurs de la Résistance'. Mais bien qu'elle ne soit adressée qu'à leurs 'directeurs', cette lettre concerne toute la masse des résistants.

La notoriété de Jean Paulhan ne dépassant pas les milieux littéraires français, je précise que Jean Paulhan est un des piliers des Éditions Gallimard, directeur, avant guerre, de la *Nouvelle Revue française*, dirigeant diverses 'collections' éditées par la N.R.F. Communément considéré comme une sorte de puissance occulte qui influe sur bien des destins littéraires, puissance aisément explicable par la situation géographique qu'il occupe sur la carte du 'goût'. Personnellement, Jean Paulhan écrit peu, et ses écrits sont épuisants pour le lecteur. D'autre part, il a la réputation d'être un curieux personnage, un faux ingénu, un sac à malices et à ruses, avec un sens pervers de la contradiction et du petit paradoxe perfide. Soigneux de cette réputation, il élève chez lui insectes ou reptiles — je ne sais trop — et reste des heures devant la cage des singes au Jardin des Plantes.

J'ai connu Jean Paulhan peu de temps avant la guerre. Je l'ai rencontré pendant l'occupation: il a été secourable pour les résistants, dès 1939. Aussi, lorsque, après la Libération, il a commencé à prendre le parti des collaborateurs, ai-je espéré que c'était là chez lui un penchant pour le 'malheur', quelle qu'en soit l'origine. De là à le croire *bon* il n'y avait qu'un pas La fidélité chevillée au cœur, je tenais à mes illusions, je les défendais. Pourtant, il m'a bien fallu déchanter et admettre que si, durant l'occupation, sa pitié pour les résistants poursuivis, menacés ou frappés, ne s'accompagnait pas de haine pour les collaborateurs, sa *pitié* actuelle pour les collaborateurs le rendait de plus en plus véhément envers les résistants. L'aboutissant de cette pitié-là est la 'Lettre aux directeurs de la Résistance', expression d'une haine purulente, et qui apparaît au grand jour.

Que leur veut-il donc, Jean Paulhan, ancien résistant, à ses compagnons et amis d'autrefois?

L'idée de l'introduction à cette 'lettre' est la suivante: le danger que couraient les résistants n'était ni la mort, ni la prison, ni l'exil, mais celui, plus grave, de devenir une sombre canaille en livrant ses camarades sous la torture. Chaque résistant risquait de devenir un traître, était potentiellement un salaud. Autant dire, me semble-t-il, que tous les hommes ont une calvitie, mais qu'il y en a qui la cachent sous leurs cheveux.

Paulhan en déduit: *Avis à tous ceux qui veulent prendre le chemin de la vertu.* Est-ce dire que pour ne pas tomber dans le vice il faut s'y mettre d'emblée? Fallait-il, pour ne pas risquer de trahir ses camarades sous la torture, se ranger tout de suite parmi les collaborateurs? Jean Paulhan, nouveau Gribouille, n'entend pas les dizaines de milliers de résistants, morts ou vivants, qui n'ont pas trahi sous la torture. . .

Voilà donc ce que Jean Paulhan, ancien résistant, pense des résistants dans le passé. Quant au présent, il écrit: *Je me permets de leur dire qu'ils sont tombés dans le piège: non moins lâches et traîtres, non moins injustes que celui d'entre eux qui, sur la table de torture, livrait ses camarades (mais avec moins d'excuses).*

Est-ce donc qu'il a été torturé, Jean Paulhan, ancien résistant, pour qu'il charge ainsi ses camarades d'autrefois?

Ensuite, il développe, d'une part, sa défense des collaborateurs et du gouvernement Pétain et, d'autre part, son attaque contre les résistants. Il se sert tantôt du Code, tantôt de l'idée de la justice, qui n'aurait rien à voir avec le Code.

Lorsqu'il défend les collaborateurs, Brasillach, Maurras, Châteaubriant, il accuse leurs juges de ne pas les avoir jugés, selon la *loi*. Il ne parle ni de leurs crimes ni de l'idee de la *justice*. Lorsqu'il défend le gouvernement Pétain, il développe l'idée de la *légalité*. Il ne parle ni de ses crimes ni de l'idée de la *justice*.

Mais lorsqu'il attaque les écrivains résistants, il s'élève contre la *loi* qui considère comme innocent celui qui n'a pas commis de crime, il s'élève contre le Code au nom de la *Justice*: c'est ainsi en droit, écrit-il, *mais c'est de Justice à présent qu'il s'agit.*

Est-ce sous la torture que Jean Paulhan, ancien résistant, 'tombe dans le piège' et dénonce Éluard, Aragon et Claude Morgan nommément comme devant être châtiés préventivement? Drieu La Rochelle, son successeur à la N.R.F. pendant l'occupation, en a fait autant et contre les mêmes. Mais Drieu La Rochelle avait choisi le vice d'emblée, probablement pour ne pas courir le risque d'y tomber. Tout comme un certain Combelle dans 'Je suis partout', spécialiste

de la dénonciation et de la calomnie, et bien d'autres encore. . .
Aujourd'hui, Paulhan continue leur oeuvre: le voilà donc à son tour
successeur de Drieu La Rochelle, sinon à la tête de la N.R.F., du moins
dans la dénonciation.

Tous les résistants étaient des collaborateurs, dit Jean Paulhan.
Seulement, au lieu de collaborer avec l'Allemagne, ils collaboraient
avec la Russie. C'est étrange qu'il oublie la collaboration des résistants
avec l'Angleterre et les États-Unis, et Dieu sait, pourtant, qu'ils l'ont
demandée, cette collaboration, qu'ils l'ont demandé, ce deuxième
front!

Mais si Paulhan rappelle la 'collaboration' des résistants avec les
alliés de la France qui se battaient contre un commun ennemi, c'est
pour démontrer que des 'collaborateurs' n'avaient pas le droit d'en
juger d'autres. Et, pourtant, ô scandale, les cours de justice étaient
composées d'anciens résistants, de déportés, de torturés, de
martyrisés, qui avaient couru le risque de devenir des salauds en livrant
leurs camarades, et ne l'étaient pas devenus. Ils ont jugé en leur âme
et conscience et ont *assassiné*, d'après Paulhan, un nombre incalcu-
lable d'innocents! Et comment pouvait-il en être autrement? Ces
anciens résistants, déportés, torturés, martyrisés, qui n'avaient pas
livré leurs camarades sous la torture, étaient tous des communistes,
dit Paulhan. Serait-ce que parmi les résistants il n'y avait *que* des
communistes? Il y en avait beaucoup, nous sommes d'accord, mais
affirmer qu'il n'y avait *que* des communistes serait exagéré, même dans
les cours de justice. Et quels sont donc, sans cela, ces 'directeurs' de
la Résistance auxquels s'adresse Paulhan? Pas ces communistes,
toujours, qui le font écumer, ergoter, radoter, calomnier. . .

Est-ce sous la torture que Paulhan, ancien résistant, calomnie les
communistes, ses compagnons dans la Résistance?

Pour finir, Jean Paulhan écrit: *On nous doit un certain arriéré de justice
et de droit. Qu'on nous le donne! Ensuite, qu'on nous tienne, ce doit être
possible, au courant.*

Qui est, ou qui sont, cet *on?* Est-ce le gouvernement actuel, les cours
de justice? La justice divine? Et le *nous* désignerait-il les résistants —
mais Paulhan s'en est exclu — ou alors, ce *nous* désignerait-il les collaborateurs, avec leur ami Jean Paulhan?

Le labyrinthe de la pensée de Jean Paulhan rappelle celui du musée
Grévin: il est plus malin que compliqué. Voulez-vous que je vous en
donne le système? Tournez comme ceci, tournez comme ça, et vous

verrez qu'il est facile de passer avec ce fil d'Ariane: l'anticommunisme. Tout cela signifie: mettons-nous ensemble, collaborateurs et résistants, ce gouvernement ou un autre, cours de justice ou pas, au nom de la loi, au nom d'une politique ou d'une idéologie, n'importe qui au nom de n'importe quoi, mais embastillons les communistes, et plus vite que ça!

Tortures ou trente deniers, qu'a-t-on fait à Paulhan pour qu'il devienne un nazi? Parce que c'est fini de faire de la psychologie, d'invoquer le goût de la contradiction, la cage à singes, Freud, pitié et bonté, et de chercher autre chose que ce qui est.

Amis, communistes ou non, le jour où le *on* de Paulhan nous mettra derrière les barreaux, nous ne viendrons pas demander à ce même Paulhan d'intervenir pour nous auprès de ses maîtres, nous n'accepterons pas les paquets qu'il se donnerait les gants de nous envoyer en prison, dans la noblesse de son âme, la pitié de son cœur, la liberté de son esprit. On en a fait le tour, de ce 'curieux personnage'. Le roi est nu et tout le monde le voit. Il est laid.

P.-S. — Signe des temps: ce 'pamphlet' de Paulhan est édité aux Éditions de Minuit, depuis longtemps échappées aux mains de Vercors, qui les avait fondées dans la clandestinité. On me dit que personne d'autre n'en a voulu.

'Le renégat appliqué', article de Roger Stéphane
L'Observateur, le 7 février 1952

Le petit traité de M. Jean Paulhan sur la Justice manifeste l'existence d'une justice immanente. Paulhan est un grand écrivain: le
Guerrier appliqué est un admirable récit, les *Fleurs de Tarbes* ont renou-
velé la critique et son étude sur *Braque, le patron* constitue, de très loin,
la meilleur introduction à la peinture moderne. Jusqu'à présent, dans
cette œuvre à la fois riche et rare, il n'y avait pas de fausse note. Mais,
cette fois-ci, la présomption de Paulhan l'a entraîné à évoquer un sujet
hors de sa compétence: il a fait un mauvais livre.

Quand je dis que la *Lettre aux Directeurs de la Résistance*[1] dépasse la
compétence de M. Paulhan, ce n'est point qu'il faille une compétence
particulière pour évoquer les problèmes moraux issus de l'occupation
et de la résistance. Mais M. Paulhan qui, comme tous les bons gram-
mairiens, se défie de la morale, a voulu faire œuvre de logicien — en
l'occurrence, de juriste. Aussi, les quelque cinquante pages de son
pamphlet ne sont-elles qu'une accumulation de contre-vérités, de
sophismes et d'hérésies juridiques que nous négligerions si le respect
qui entoure sa réputation de critique et son comportement sous l'occupation n'était susceptible de leur procurer un retentissement que la
qualité des arguments employés ne justifie pas.

Le propos de M. Paulhan est de nous démontrer *'qu'il n'est pas un
des quatre cent mille Français qui se sont vus, par la Libération, exécutés,
envoyés au bagne, révoqués, ruinés, taxés d'indignité nationale et réduits
au rang de paria, qu'il n'est pas un seul de tous ceux-là qui n'ait été frappé
au mépris du Droit et de la Justice.'*

Les prémisses sont fausses, le raisonnement n'est qu'un sophisme
de mauvaise foi.

D'abord les prémisses: 400.000 Français, dit M. Paulhan, qui écrit
en même temps *'que l'on admet couramment qu'un million de Français
ont été arrêtés à la Libération, dont plus de 60.000 exécutés'*, et qui ajoute
plus loin *'qu'il y avait eu 50.000 victimes environ d'exécutions sommaires
pour la seule région méditerranéenne.'* Il extrait ses informations du
Figaro, de l'*American Mercury* et du *Crapouillot*. Je me permettrai
d'emprunter aux seuls services officiels, c'est-à-dire au ministère de la

justice, dont les chiffres valent tout de même mieux que des appréci-
ations fantaisistes de journalistes partisans, les données officielles
suivantes: il y a eu, en France, un total de 120.000 informations
ouvertes (contre 400.000 en Belgique, 110.000 en Hollande, 90.000
en Norvège). Les cours de justice ont prononcé 40.000 peines priva-
tives de liberté (soit exactement le même chiffre qu'en Hollande,
chiffre inférieur de 10.000 à celui de la Belgique), il y a eu 7.000
condamnations à mort, dont 5.500 par contumace. Sur les 1.500
condamnations capitales prononcées contradictoirement, il n'y a eu
que 800 qui ont été exécutées. Reste le problème des exécutions
sommaires, selon M. Charles Brune, ministre de l'intérieur, peu
suspect de 'résistantialisme': 'Il ressort d'une enquête effectuée en
1948, auprès des préfets, que le nombre total des exécutions s'est élevé
à près de 10.000: 5.234 sous l'occupation, 3.114 après la libération,
et sans jugement, 1.325 à la même époque, mais après jugement d'un
tribunal de fait'. Nous voilà loin des chiffres de M. Paulhan. Mais je
l'entends; s'il n'y avait qu'une victime de la sollicitation du droit que
je dénonce, c'en serait une de trop et je devrais m'indigner.

Mais voyons d'un peu plus près la prétendue démonstration
juridique de M. Paulhan. Elle se fonde sur la constatation évidente,
selon lui (*'il n'y a pas place pour le moindre doute'*) que le gouvernement
de Vichy était légal. S'il n'y a pas place pour le moindre doute, on se
demande comment des juristes éminents ont pu discuter si longtemps
cette question, et puisqu'elle intéresse M. Paulhan, précisons un peu
les points: il est admis que le gouvernement de la République, réfugié
à Bordeaux, bien qu'il ait délibéré sous la menace de l'ennemi, et bien
qu'il n'ait pas été investi par les Chambres, était en droit de demander
l'armistice. Il est presque admis, bien que la souveraineté nationale ne
se délègue point, bien que l'atmosphère de Vichy soit reconnue
comme peu propice à de libres délibérations, que le vote du 10 juillet
1940 peut, à la rigueur, être considéré comme valable, mais il n'est nié
par personne que les actes constitutionnels du 13 juillet 1940 ont créé
une solution de continuité: le gouvernement, devenu illégal, n'est plus
qu'autorité de fait. Mais M. Paulhan s'écrie: *'Les ambassadeurs auprès
de la France, des États-Unis, de la Russie, du Vatican, étaient à Vichy.
Jamais le général de Gaulle n'a parlé de son gouvernement. . . A la date
du 16 août 1944, Edouard Herriot s'adressant à Pierre Laval, l'appelle
encore "Monsieur le chef du gouvernement" Edouard Herriot est du métier;
il sait ce qu'il dit.'* Je m'étonne d'abord que M. Paulhan invoque comme
critère juridique l'attitude de la Russie. Les Russes sont des réalistes.
Seule leur importait l'existence d'une autorité de fait. Les États-Unis

et les pays du Commonwealth considéraient Vichy comme un essentiel centre d'observation, et si les États-Unis n'ont pas rompu plus tôt les relations diplomatiques avec Pétain, c'est sur la demande instante de l'Angleterre, qui avait besoin d'une ambassade alliée. Que de Gaulle n'ait pas parlé de son gouvernement est tout à son honneur: il n'était pas, lui, un imposteur. Quant à la phrase d'Herriot, M. Paulhan est pour le moins léger. Nous savons depuis le cardinal de Retz que '*tout homme que l'on garde est quitte de sa parole*'. Il est un certain nombre de clauses de style indispensables à quiconque parle à son adversaire. Mais, à propos, de quoi s'agissait-il ce 16 août 1944? Il s'agissait tout simplement de demander à Herriot de valider, de légaliser le gouvernement de fait. Herriot a refusé. Mais si ce gouvernement était si valable, et si légal que le prétend M. Paulhan, à quoi rimait cette démarche de la part d'un homme comme Laval qui, lui aussi, était du métier et savait ce qu'il disait?

M. Paulhan s'indigne: 'Pourquoi niez-vous avoir été un révolté, un insurgé, pourquoi niez-vous que la résistance ait été une révolution? Il n'y a pas de quoi se cacher!' Mais les résistants ne nient rien du tout, sinon, ayant le même goût que M. Paulhan pour la précision des termes, que la Libération fut une révolution. On appelle révolution, dit M. Mathiez, une transformation radicale du régime de propriété, et Littré précise: '*Révolution: changement brusque et violent dans la politique et le gouvernement d'un État*'; il donne cet exemple saisissant, emprunté à Montesquieu: '*Toutes nos histoires sont pleines de guerres civiles sans révolutions; celles des États despotiques sont pleines de révolutions sans guerres civiles*'.

J'étais un insurgé, mais un insurgé contre l'imposture, contre une usurpation et l'œuvre judiciaire de la Libération a consisté à châtier cette imposture et cette usurpation. Il n'y avait pas d'autorité légitime ou légale en France entre le 13 juillet 1940 et le 25 août 1944, il n'y avait que des usurpateurs, et c'est le constat de cette usurpation qui a permis l'application de cet article 75 qui vexe tellement M. Paulhan. S'il n'y avait pas de gouvernement légal, tous les Français qui ont 'entretenu des intelligences avec une puissance étrangère, livré à une puissance étrangère des territoires, des villes, des forteresses, des ouvrages, des magasins, des arsenaux, etc.', tous ces Français ne peuvent se réclamer de l'autorité d'un gouvernement légal et sont donc pleinement responsables de leurs actes.

Je vois venir la prochaine lettre de M. Paulhan. Le gouvernement de 1944 était-il légal? 1. il a été validé par les élections de 1945; 2. il n'a utilisé aucune procédure ni aucune loi qui ne soit antérieure aux événements de 1940 Ce n'est pas lui qui a créé une légalité nouvelle, mais Vichy. Les autorités de la Libération n'ont invoqué que les textes classiques de la répression de la trahison, et s'ils ne l'avaient pas fait, M. Paulhan serait trop content de protester contre une application rétroactive des lois.

Mais il y eut les cours de justice qui recrutèrent leurs jurés '*parmi les Français qui avaient, de leur âme et de leurs forces, résisté à l'occupant*'. M. Paulhan ironise, assez drôlement il faut le reconnaître: '*Et qui saurait mieux juger d'un vol, après tout, qu'un jury de volés? D'un adultère, qu'un jury de cocus? D'un bourreau, qu'une victime? En voilà qui sauraient de quoi il s'agit*'. Mais, je m'excuse, c'est le procès de la justice bourgeoise que fait M. Paulhan, car les assassins ne sont jugés que par des gens de bonnes vie et mœurs, qui ont des conceptions morales diamétralement opposées à celles des inculpés. Je ne sache pas encore qu'il y ait, parmi les jurys, des repris de justice. Le jour où M. Paulhan fera campagne pour qu'il y en ait, je ferai campagne pour qu'il y ait des traîtres dans les jurys qui jugent la trahison.

M. Paulhan commence son livre en soulignant le danger réel qui guettait le résistant: '*Il risquait, chaque jour, de devenir le contraire d'un héros: une canaille*'.

M. Paulhan a pris le risque et a perdu.

Roger Stéphane

Note
1   Éditions de Minuit.

Réplique à l'article de Roger Stéphane adressée à Claude Bourdet, directeur de l'*Observateur*

Notre Résistance des temps de l'occupation était, vous le savez mieux que personne, une sorte de religion, en tout cas une mystique, qui s'est vue, depuis sept ans, chaque jour trahie par les gens en place et les politiques. Elle était justice et on l'a faite injustice; elle était franchise, et on l'a faite mensonge. Cela sans que ses représentants, ses délégués, ses porte-parole, bref — ceux que j'appelle ses *directeurs* — aient seulement levé le doigt pour la défendre: cocus, battus et contents. Bien. J'ai écrit là-dessus un petit livre, maladroit, peut-être mais précis, que M. Stéphane appelle 'une accumulation de contre-vérités, de sophismes et d'hérésies juridiques'. Il ajoute que je suis un menteur et une canaille. Je laisserai les injures. Quant au reste:

La 'contre-vérité' (si l'on en croit M. Stéphane) porte sur le nombre des Français torturés et massacrés sans jugement entre 1944 et 1945. J'ai parlé de soixante mille, et le chiffre est au-dessous de la vérité. Le *seul* document sérieux que nous possédions: le rapport de la section historique de l'état-major Eisenhower, constate cinquante mille exécutions sommaires pour la seule région méditerranéenne où s'est effectué le débarquement (Cf. *American Mercury*, avril 1946).

Il semble par ailleurs qu'en France aucune enquête sérieuse n'ait été menée à ce sujet. Pour des raisons trop évidentes. Cependant, deux ministres de l'intérieur se sont prononcés. M. Adrien Tixier en 1945 parlait de cent cinq mille victimes. M. Charles Brune, en 1951, n'en trouve plus que trois mille cent quatorze. Plus de cent mille victimes regagnées en six ans! Il y a là, de toute évidence, un progrès, et je comprends qu'il rassure M. Stéphane.

Pour le 'sophisme' il n'y a qu'un malheur: M. Stéphane me fait dire le contraire de ce que j'ai dit.

Car j'ai écrit qu'il était essentiellement injuste de livrer à juger les collaborateurs (supposés) soit à leurs victimes — déportés, prisonniers, résistants torturés — soit à leurs concurrents: les collaborateurs (avec la Russie). J'ai dit qu'en bonne justice ça ne se faisait pas: qu'un juré devait être, en démocratie, le *premier venu*, sans passion comme sans intérêt.

A quoi, M. Stéphane répond que 'je fais ainsi le procès de la justice bourgeoisc, où les assassins ne doivent être jugés que par des gens de bonne vie et moeurs'. Eh, c'est justement tout ce que je demande.

Je ne dis pas que mon petit livre soit amusant. Il ne l'est pas. Mais personne ne forçait M. Stéphane à le lire, ni à en parler.

J'en viens à l' 'hérésie juridique'. M. Stéphane me fait ici deux objections. L'une est que M. Herriot n'appellerait dans sa lettre Laval 'chef du gouvernement' que parce qu'il est lui-même prisonnier, et donc peu responsable de ses paroles. Disons le mot: par peur. En quoi, M. Stéphane se trompe doublement: il se trompe parce qu'Edouard Herriot n'a jamais donné, que je sache, le moindre signe de peur. Mais il se trompe aussi parce qu'Herriot répète, dans la lettre du 16 août 1944, cette fois adressée à l'ambassadeur d'Allemagne: 'Je laisse cette protestation solennelle à M. le président Laval, chef du gouvernement. . .'. Personne ici ne pouvait rien exiger de lui. Et s'il dit 'chef du gouvernement', c'est qu'il le pense.

Me direz-vous qu'Edouard Herriot a pu se tromper? Soit. J'avoue pourtant, sitôt qu'il s'agit de politique, préférer son jugement à celui de M. Stéphane.

Voici la dernière objection:

C'est qu' 'il n'est nié par personne' (*sic*) qu'à dater du 13 juillet 1940 le gouvernement Pétain était un gouvernement d'usurpateurs, et parfaitement illégal.

Voilà qui me paraît au moins léger. Ce n'est pas moi, c'est aussi bien M. Pierre Hervé que M. François Mauriac qui reconnaissent, l'un: 'Du point de vue de la légalité formelle, vous ne pouvez nier que le gouvernement Pétain fût légal.'[1] (Or, il ne s'agit dans la circonstance que de légalité formelle). L'autre: 'On a nié l'évidence, qui était la légalité du gouvernement de Vichy.[2] Mais je prends même les partisans de l'illégalité. (Il y en a, bien sûr, et M. Stéphane n'est pas seul à être de son avis). Le plus autorisé d'entre eux, M. Georges Vedel, professeur à la Faculté de droit de Paris, doit bien reconnaître, dans son *Manuel de droit constitutionnel* (1949) que l'ordonnance du 9 août 1944, qui prononce 'l'inexistence juridique du gouvernement Pétain à partir du 16 juin 1944' (p. 273), ordonnance sur laquelle va se fonder toute la législation de la Libération, est entièrement absurde et inacceptable. Eh, je n'ai rien dit de plus. M. Vedel ajoute que la procédure de révision de la Constitution, telle que l'établit la loi du 10 juillet 1940 était juridiquement correcte (p. 277).

Que s'il est possible, un peu plus tard, de tenir Pétain pour illégal, c'est, dit M. Vedel, qu' 'il n'a pas soumis à la ratification de la nation les actes constitutionnels qu'il édictait' ainsi que le prévoyait la même loi. Bref, c'est que Pétain n'a pas fait d'élections.

Voilà donc le seul grief dont M. Stéphane (sans le dire) tire parti. Voilà sa preuve, et son argument-massue. Peu importent l'occupation et la France coupée en deux. Peu importent la guerre qui continue, l'absence des prisonniers et des déportés, l'égarement des esprits. Il fallait dès le 13 juillet 1940, ouvrir la campagne électorale, placarder les affiches, tenir des réunions contradictoires, appeler les Français aux urnes! Je laisse ce mauvais plaisant (c'est de Stéphane que je parle).

Jean Paulhan

Notes
1 *Journal Officiel,* 21 mars 1946.
2 *Carrefour,* 23 février 1949.

'Je n'ai pas parlé de La Résistance mais de l'épuration' nous dit Jean Paulhan (Interview par Le Breton Grandmaison) *Combat*, le 6 mars 1952

— Je vous reçois d'une façon absurde. . . s'excuse Jean Paulhan, aux prises avec le téléphone.

Mais déjà me tient compagnie ce délicieux caméléon qu'il a rapporté d'A.O.F. . . Et plutôt que d' 'interviouver' l'Éminence grise de nos lettres, c'est le voyageur que j'interroge.

On le vit naguère à Madagascar, en quête de poèmes populaires et de paillettes d'or. Cette fois, il n'ignore plus que le bananier est une herbe, et non un arbre, pour avoir été l'hôte de son ami le romancier-planteur Paul Pilotaz qui fait éclore les plus lourds régimes de Guinée.

Chassez la littérature. . . elle revient au galop! Ayant le choix entre deux sujets (L'Écrivain et le Planteur) que lui proposaient les Éditions de la Passerelle pour leur collection 'les Français par eux-mêmes', Paulhan a jeté son dévolu. . . sur le planteur:

— L'écrivain: c'est inquiétant. J'espère avoir encore des surprises, on n'en a jamais fini avec lui. . ., et certes, je n'ai eu aucun succès comme planteur, mais justement, ça m'apprendra de quoi il s'agit. . .

Pour les mêmes éditions, Paulhan va écrire une préface aux 'Égarements du cœur et de l'esprit' de Crébillon.

— Je crois, dit-il, qu'on ne lui fait pas sa place: avec un style charmant, il a, dans la conduite de sa pensée, une volonté de clarté et de méthode que j'apprécie.

Après les lettres, les arts (à tout à l'heure les affaires brûlantes!) S'étonnera-t-on que le familier de Braque, de Fautrier, de Dubuffet, nous annonce un petit livre sur la peinture moderne (ou 'l'espace d'avant les raisons') à paraître dans un mois à la Librairie Gallimard? Déjà, je le sens bien, il faut en venir au principal. Les Arènes de Lutèce ne sont-elles pas toutes proches? Et l'auteur de la 'Lettre aux Directeurs de la Résistance' est huilé pour le combat.

'Je pensais avoir dit la vérité'

— Dans cette lettre, explique Paulhan, je pensais avoir dit la vérité. (Que la vérité nous fasse plaisir ou non, c'est une autre affaire. . .) Et sans doute aurais-je mieux fait de l'intituler, pour être plus précis: 'Lettre aux Directeurs de l'Épuration'. Mais enfin ce dont je m'indigne c'est que les directeurs de la Résistance aient toléré l'Épuration, telle qu'elle s'est faite.

— Quels reproches faites-vous à Martin-Chauffier?

— Il y a, dans son article du 'Figaro Littéraire', pas mal d'erreurs. Ainsi, il n'est pas vrai que j'aie 'refusé de parler de la démocratie'. J'en parle longuement, j'indique même avec précision ce que j'entends par ce mot.

— Vous auriez appelé 'légitime' le gouvernement du Maréchal?

— J'ai dit tout le contraire, et que Pétain était légal, si de Gaulle était légitime. Si j'ai parlé de 'traîtres' et de 'lâches', c'était dans un sens nettement opposé à celui qu'il insinue. Je reprochais aux résistants d'avoir permis à leurs 'directeurs', dans l'Épuration, de lâcher la vérité, et de trahir la justice. C'est une vieille histoire: c'est l'histoire de toutes les mystiques, qui deviennent des politiques.

— Martin-Chauffier vous accuse aussi de vous être 'tu jusqu'à présent'. . .

— Mais c'est faux! Dès la première réunion à ciel ouvert du C.N.E. en septembre 1944, j'ai défendu pour chacun de nous le droit à l'erreur. J'ai réclamé une nouvelle clandestinité qui maintint, contre les politiques, la mystique de la Résistance. . . J'ai démissionné du C.N.E., et montré plus tard le ridicule et l'odieux de la 'liste noire'. J'ai dit ce que j'avais à dire, quand personne encore ne le disait.

— Dans 'La Paille et le Grain', notamment, vous vous étonnez des réponses qu'avaient faites les 'écrivains blancs' à votre question: 'Au nom de quel principe jugez-vous, et que signifie votre liste noire?'. . . De celle, entre autres, que vous avait adressée Martin-Chauffier: 'Nous ne sommes pas des juges. Nous sommes tout bonnement d'honnêtes gens qui entendons choisir nos relations'. . .

— Oui, il s'était déjà fâché. Il a bien tort.

— Mais enfin, l'injustice en question?

— Eh bien! Il était essentiellement injuste de donner à juger les "collaborateurs" (supposés) à leurs victimes. S'il arrive qu'un boucher empoisonne ses clients, on ne le fait pas juger par les clients qu'il a empoisonnés: on ne le fait pas juger non plus par les bouchers concurrents.

'Je suis un simple grammairien'

Puis, se plaçant sur un terrain qui est le sien par excellence, Jean Paulhan précise:

— Je suis un simple grammairien. Mais justement, il m'a semblé que les injustices de l'épuration posaient 'aussi' une question de grammaire et se traduisaient par une faute de grammaire. La 'France', qu'invoque le seul article sur lequel prenaient appui les Cours de Justice et les Chambres civiques: l'article 75 du Code — ce n'est pas (le Code le dit précisément) le pays physique, ce n'est pas non plus l'idée que l'on peut s'en faire. Non, c'est la France avec ses intérêts tels que les définit le gouvernement légal du moment. Peut-être fallait-il fusiller Pétain, ce n'est pas de ça qu'il s'agit. Le citoyen français dont le seul tort avait été d'obéir à Pétain, devait être tenu, aux termes de l'article 75, non pas coupable, mais innocent.

— Mais — a-t-il soin de préciser — ce n'est pas de la 'Résistance' que je parle dans ma lettre, c'est de l''Épuration'. C'est des injustices, c'est de l'injustice essentielle de l'Épuration telle que, nous autres résistants, avons laissé les politiques nous la faire. . .

Voilà — conclut Paulhan — ce qui arrive quand une mystique se corrompt, se ravale au niveau d'une politique haineuse et injuste. . . Encore une fois, je suis un grammairien, pas du tout un politique. Il a été commis un contre-sens . . . sur le mot 'France'.

Rigueur paulhanienne. . . Ardent souci de séparer le vrai du faux, de courir sus aux 'doctrinaires systématiques', qu'ils soient de la politique ou de la poésie?. . . Voilà, objectivement rapportés, les propos de Jean Paulhan comme aussi bien nous rapporterions ceux de son adversaire.

. . .Et j'allais oublier le charmant homme, l'écrivain appliqué qui vous calligraphie — avec quel soin! — une dédicace, non sans l'assaisonner d'un proverbe mongol ou d'une conférence en malgache, d'une pensée de Lie-Tzeu ou de Massillon.

Réponse de Jean Paulhan à Louis Martin-Chauffier
Figaro littéraire, le 15 mars 1952

Je trouve, à mon retour à Paris, et je ne lis pas sans étonnement le papier que m'adresse, dans le *Littéraire*, Louis Martin-Chauffier. Je croyais avoir apporté dans ma *Lettre aux directeurs de la Résistance*, touchant l'épuration et la justice de l'épuration, quelques faits, quelques enchaînements de faits, quelques preuves. Bref, il me semblait avoir dit la vérité. Plaisante ou non, c'est une autre affaire. C'est à quoi Martin-Chauffier réplique étrangement que 'la vérité souffre tout'. Il ajoute que j'ai un esprit tortueux, faux, opportuniste, habile à se leurrer, et pour tout dire bête. Il se peut. Je suis mal placé pour en juger. Mais ce n'était pas la question.

Remarquez qu'il y a d'ailleurs pas mal d'erreurs — ou de mensonges — dans son article. Il n'est pas vrai que j'aie appelé *légitime* le gouvernement du maréchal. J'ai dit tout le contraire, et que Pétain était légal, si de Gaulle était légitime (p. 48). Si j'ai parlé de 'traîtres' et de 'lâches', c'était — lâcher l'équité, trahir la justice — dans un sens nettement opposé à celui qu'il insinue (et quelles sont ces manières d'agent provocateur?) Il est faux que j'aie jamais 'racolé' (quels écrivains? quels articles?) pour la revue de Drieu. Quand Martin-Chauffier ajoute que 'je vole au secours des nouveaux triomphateurs' (*sic*) et que 'je hurle avec la bande de loups qui vient d'être lâchée', je vois bien qu'il a peur. Mais peur de qui? Peur de quoi? Quel est ce délire de persécution, qui lui ôte tout bon sens? Et toute mémoire; car il n'est pas vrai non plus que je me sois 'tu jusqu'à présent'. Dès la première réunion à ciel ouvert du C. N. E., j'ai défendu pour l'écrivain — pour l'homme — le 'droit à l'erreur' (cf. *Figaro*, 9 septembre 1944). J'ai réclamé, dans *Les Morts*, une nouvelle clandestinité qui maintînt, contre les politiques, la mystique de la Résistance; et MM. Santelli (*Résistance*, 3 novembre 1944) et Julien Teppe (*Gavroche*, 29 mars et 3 mai 1945) m'ont à ce propos assez vivement tancé. J'ai démissionné du C. N. E., et montré plus tard dans les *Cahiers* (avril 1947) le ridicule et l'odieux de la 'liste noire'. Je suis revenu à la charge dans *La Paille et le Grain* (1948), où il est question, entre autres, de Maurras et de Béraud: où il est aussi question de Martin-Chauffier. Que me veut-on de plus? J'ai dit ce que j'avais à dire, quand personne encore ne le disait. Fallait-il répéter ce que Gabriel Marcel, Thierry Maulnier, François Mauriac, Jean Schlumberger disaient mieux que moi? Je ne suis pas un journaliste ni un politique. Je suis un simple grammairien.

Justement, il m'a semblé que les injustices de l'épuration posaient *aussi* une question de grammaire.

Qu'il fût essentiellement injuste de donner à juger les 'collabora-teurs' (supposés) soit, par une loi, à leurs victimes: à des résistants qui avaient souffert du fait de leur résistance; soit, par la malice des choses (et des hommes), à d'autres collaborateurs: les communistes, eux certes opposés à la collaboration allemande (mais c'était parce qu'ils exigeaient — parce qu'ils pratiquaient depuis dix ans — la collabora-tion russe), la chose va de soi. Il n'appartient pas aux victimes, en bonne justice, il n'appartient pas non plus à d'autres bourreaux de juger un bourreau. S'il arrive qu'un épicier empoisonne ses clients, on ne le fait pas juger par les clients qu'il a empoisonnés; on ne le fait pas juger non plus par les épiciers concurrents. Voici le point nouveau.

C'est qu'une telle injustice trouvait, dans la circonstance, son expression, et, si je peux dire, sa face visible. C'est qu'elle se tradui-sait par une faute de grammaire. La 'France' qu'invoque le seul article sur lequel prenaient appui les Cours de justice et les Chambres civiques: l'article 75 du Code — ce n'est pas (le Code le dit précisé-ment) le pays physique, ce n'est pas non plus l'idée morale ou politique que l'on peut s'en faire. Non, c'est la France avec ses intérêts *tels que les a définis le gouvernement légal du moment*; en l'espèce — François Mauriac l'a très bien montré — le gouvernement du maréchal. Pétain méritait peut-être qu'on le fusillât, c'est une autre question. Le citoyen français dont le seul tort avait été d'obéir à Pétain devait être tenu, aux termes de l'article 75, non pas coupable, innocent. Mais la lettre, dans l'affaire, ne se trouvait pas moins faussée que l'esprit.

J'ajoutais ceci: c'est que d'un double faux il ne pouvait sortir que l'injustice, et d'abord cette injustice particulière: ces innocents condamnés — dont La Bruyère dit que, n'y en eût-il qu'un seul, il est l'affaire de tous les honnêtes gens.

Les innocents se comptaient ici par centaines de mille.

Je pose des questions qui sont simples. Qui sont graves. Qui sont même terriblement graves, si elles ne touchent pas seulement le sens du juste et de l'injuste, mais plus loin la valeur même des lois que se donne une démocratie. Et tout ce que M. Martin-Chauffier trouve à me répondre, c'est que j'ai l'esprit tortueux.

Je me trompe. Il me fait une autre réponse. Celle-ci: c'est que j'oublie 'les crimes de l'occupation, la bassesse étalée partout. . . la complicité du régime mis en place et en sujétion par un vainqueur impitoyable'. Et voilà qui est vrai. Voilà ce que j'ai écrit, moi aussi, quand il y avait du danger à l'écrire. Mais quel rapport avec ma *Lettre*?

Il poursuit: 'Cet occupant, dont vous ne soufflez mot. . . Tous les Juifs livrés aux chambres à gaz de Hitler, les dizaines de milliers d'otages exécutés, de maquisards fusillés ou tués les armes à la main. . .' Voilà encore qui est juste. J'avais plus d'un ami parmi ces juifs, et ces maquisards, et ces otages. Je n'ai pas cessé de les admirer, et de les aimer. Je suis près d'eux. Je sais qu'ils seraient tout les premiers honteux, et offensés, du parti que Martin-Chauffier tire de leur héroïsme — de cette sorte de chantage à leur mort. Car enfin, que veut-il dire, quand il ajoute: 'Il n'en est pas question dans votre libelle. . .'?

Évidemment, qu'il n'en est pas question! Ce n'est pas de la Résistance que je parle, c'est de l'épuration. C'est des injustices, c'est de l'injustice essentielle de l'épuration, telle que nous autres résistants avons permis aux politiques de la faire. Martin-Chauffier trouve-t-il le sujet trop mince? Dois-je lui rappeler que cette épuration a tué, a emprisonné, déshonoré, non pas la 'poignée de traitres' dont parlait de Gaulle, mais plus de quatre cent mille Français. Il insiste: 'Les cent cinquante mille déportés, dont sept pour cent sont revenus. . .' Il insiste, et je comprends enfin: c'est que l'occupation, parce qu'elle était immonde, ne nous laissait que le devoir d'être immondes; parce qu'elle était cruelle et fausse, le seul devoir d'être à notre tour faux et cruels. Bref, c'est *qu'il n'y avait pas lieu* à justice. Eh bien, cette vengeance qu'il exige à la place, je puis la donner tout de suite à Martin-Chauffier.

Le député socialiste L'Hévéder rapporte qu'à l'Institut de France, en 1944, vingt détenus sont mis à mort chaque jour. L'un d'eux, Godard, vingt ans, se jette du second étage pour échapper aux tortures. On le relève, les jambes brisées, pour de nouvelles tortures. Au matin, on le tue sur son brancard.

L'abbé Desgranges, lui-même résistant, cite, entre vingt crimes analogues, l'exécution à Guéret, au matin du 24 septembre 1944, d'un héros des deux guerres, Louis Décubes, aviateur, devenu inspecteur d'assurances: il avait établi une police pour le camion des miliciens.

D'après le rapport (*1946–1947*) de la Cour des comptes, plus de deux cent cinquante internés, civils, parents et enfants, meurent de faim entre mars et mai 1945 au camp de la Chauvinerie, à Poitiers. Les parents étaient suspects de pétainisme.

Vous en faut-il d'autres? C'est M. Granier, propriétaire rural, qu'on arrête à Verdun-sur-Turn avec sa fille, le 24 novembre 1944. La fille est violée, le père torturé, et tous deux mis à mort: il semble que M. Granier ait eu pour locataire un milicien. A Bourg-Saint-Andéol, c'est M. Louis Teyssier, un héros de Quatorze, la figure trop ravagée par les tortures pour qu'il puisse recevoir la communion avant de mourir: il admirait Pétain. C'est le pasteur Noël Vesper qu'on tue dans une rue de Lourmarin: il passe pour royaliste. La section historique de l'état-major Eisenhower constate cinquante mille exécutions sommaires dans les seuls départements du Midi: un peu plus tard, le ministre de l'Intérieur, M. Tixier, déclare devant le comité radical-socialiste du VIIIe arrondissement que cent cinq mille Français ont été tués, sans enquête. Sans doute y avait-il, parmi ceux-là, des coupables. Peut-être M. Tixier a-t-il exagéré. Galtier-Boissière s'en tient à soixante mille morts. (De toute façon l'on a évité les recherches, et les statistiques.) Mais est-ce que cette cascade de sang ne vous suffit pas? Est-ce qu'il vous fallait d'autres victimes à tout prix? Même au prix de la forfaiture? Même au prix de la prévarication? Eh bien, vous les avez eues, tenez-vous tranquille. Vous les aurez sans doute encore: il reste quelques milliers de Français à juger; il en reste quelques milliers en prison.

Et les indignes nationaux, que vous avez déshonorés par dizaines de mille, mènent près de vous leur vie de paria. Peu vous importe, pharisien. Votre bonne conscience de 1944 vous suffit.

Ici l'on m'interrompt pour me dire 'Vous avez tort de croire que Martin-Chauffier ait à ce point soif de tortures. C'est un sentimental: il fait simplement comme ces vieux capitaines qui racontent à tout propos, et hors de propos, leur unique bataille. Sitôt qu'on lui parle de droit ou de justice, il y voit rouge.'

Il se peut. D'ailleurs, je m'aperçois que Martin-Chauffier me fait une objection: c'est qu'il a beau réfléchir, non, il n'a jamais compris pourquoi j'avais été résistant. C'était peut-être (suppose-t-il) pour écrire un jour ma petite *Lettre*; pour la lui lancer dans les jambes. (Car il se prend, de toute évidence, pour un directeur de la Résistance.) Eh bien, là-dessus je peux lui répondre, et tout de suite.

Je laisse même l'amour naïf de la patrie. C'est un sentiment qu'il n'estime guère. Martin-Chauffier veut que l'on se donne à son pays pour des raisons intelligentes: parce qu'il est mieux gouverné qu'un autre, parce que la cuisine ou la galanterie y sont incomparables, parce que la langue y est plus claire, parce qu'il est plus avancé sur la voie de la civilisation; parce qu'il a le bon droit de son côté. C'est là une thèse qui me semble inhumaine, et, je te dirai, absurde, pour cent raisons: parce qu'il est très difficile, et même impossible, de savoir, le moment venu, si son pays a le bon droit de son côté; parce qu'il est tout à fait injuste de priver les Tibétains ou les habitants d'Andorre de patriotisme; parce que l'on tient en général à son pays d'autant plus qu'il est plus infortuné. Mais surtout, surtout, parce que la seule chance à nous donnée d'obliger notre pays — et tout aussi bien notre ville, notre maison et jusqu'à nos parents et amis — aux qualités qui leur manquent, c'est de nous dévouer à eux corps et âme (quitte à leur dire sans cesse leurs quatre vérités) et ne point les laisser aller qu'ils ne soient tels que nous les voulons. Or qu'un amour de la patrie à ce point naïf, et somme toute peu malin, bien moins malin que Martin-Chauffier, fût le seul lien de tous les résistants, je ne pense pas qu'il ose le nier. Il y avait là de tout (dit-il); des chrétiens, des communistes, des radicaux, des modérés, des Croix de Feu. Oui. Ajoutez, pour être juste, des anarchistes (à l'extrême-gauche) et des maurassiens (à l'extrême-droite). Ces braves gens-là différaient du tout au tout. Mais quelle que fût leur idée de derrière la tête, ils voulaient en commun ceci: c'est que cette idée fût réalisée par la France. Par notre France qui. . .

Laissons cela. Je ne parlerai pas de musique à un sourd. Tout ce que je voulais dire, c'est que du point de vue du patriotisme raisonneur — du point de vue même de Romain Rolland, et de Martin-Chauffier son disciple — dans la circonstance nous étions comblés.

Je ne sache rien de plus odieux et très précisément intolérable, ni contre quoi la révolte soit plus sacrée, qu'un État de l'ordre fasciste, ou mieux hitlérien: où chaque sujet se trouve apprécié sur son utilité, à tout instant mis en posture d'accusé, tout au moins de suspect, et parfois condamné, avant même de naître. Où ce ne sont point de libres citoyens qui auront, le cas échéant, à le juger, mais ses victimes (supposées) et ses ennemis; où nulle loi ne le protège dont il ne soit aisé de renverser le sens et de fausser l'application. Bref, qui use à tout propos de la forfaiture et de la prévarication. Ce serait peu: où la prévarication s'appelle honneur; et la forfaiture, justice.

Mais je m'aperçois que je décris bien d'autres États que l'État hitlérien: cet État — entre autres — aux portes duquel vous montez la garde, Martin-Chauffier, avec ce mélange d'astuce et d'obstination qui vous a fait surnommer, par nos communistes, 'le chrétien de service'. Quoi, l'État aussi bien, où sombre depuis sept ans une épuration qui n'est plus que haine et vengeance, une Résistance oublieuse de sa mystique.

Car nous n'étions pas, résistants, un parti politique: nous n'avions intérêt à aucune parodie; nous n'avions pas de profiteurs (ils ne se sont montrés qu'à la libération). Nous étions une mystique, Martin-Chauffier, et presque une religion. Comment sommes-nous tombés de si haut? Comment ne voyez-vous pas que vos tricheries de justice et vos faux démentent nos paroles du temps de l'occupation, et — comme disait Péguy — déjustifient notre conduite?

J'y reviens. Il se peut, comme dit Martin-Chauffier, que je sois bête et tortueux, et fermé à certains sentiments. C'est que j'ai mon parti-pris, et le plus simple est que je l'avoue. Non, je ne crois pas que 'la vérité souffre tout'. Je crois qu'elle souffre peu de choses, et qu'il faut la dire crûment, n'importent les conséquences sitôt qu'on la tient.

Ah! je crois aussi (avec Diderot) qu'une nation périclite quand l'esprit de justice et de vérité se retire d'elle. Si la France connaît un jour ce déclin, personne du moins ne pourra dire si faible que soit ma voix, et médiocres, mes moyens — que j'ai allégrement accepté la déchéance et pris ma part de ce crime.

Jean Paulhan

'Paulhan ne m'a pas répondu'
par Louis Martin-Chauffier
Figaro littéraire, le 15 mars 1952

L'interminable réponse de Paulhan me déçoit. Parlant de la Résistance, sujet qu'il voudrait éluder, je lui posais deux questions essentielles et précises. Il n'y a pas répondu. Elles demeurent posées.

Sa réplique, diffuse, confuse, qui mêle tout, ne fait que ressasser les termes de son pamphlet, assaisonnés de quelques injures et calomnies dont je ferais les frais si elles n'étaient gratuites. Puisqu'il me prête 'pas mal d'erreurs — ou de mensonges', je me débarrasserai de ces reproches inexacts avant de revenir au principal.

1° 'Il n'est pas vrai, écrit Paulhan, que j'aie appelé légitime le gouvernement du Maréchal. *J'ai dit tout le contraire*, et que Pétain était légal, si de Gaulle était légitime.' Je rouvre donc à p.48. Pas question de De Gaulle ni de sa légitimité. En revanche, je lis ceci: 'Votre Pétain pouvait bien être légal: il n'était pas légitime.' Qui dit cela? Paulhan? Point du tout: *le contradicteur qu'il invente pour le réfuter ensuite*, et dont aujourd'hui, pour pouvoir me traiter de menteur, il prend les propos à son compte. L'imposture est un peu lourde.

2° 'Si j'ai parlé de 'traîtres' et de 'lâches', écrit Paulhan, c'était lâcher l'équité, trahir la justice.' Je lis (p.43), Paulhan parlant des résistants de 1940-1944: '. . .non moins lâches et traîtres, non moins injustes que celui d'entre eux qui, sur la table de torture, livrait ses camarades.' C'est clair, et je n'ai rien eu à 'insinuer'. Qui pourrait penser qu'il s'agit là de 'lâcher' l'équité, de 'trahir' la justice? (Quelle équité, quelle justice?) Ces dérobades de 'grammairien' attristent plus qu'elles n'offensent.

3° 'Il est faux, continue Paulhan, que j'aie jamais 'racolé' (quels écrivains, quels articles?) pour la revue de Drieu.' Eh bien, Gide, par exemple, qui me l'a dit et m'a montré l'histoire écrite dans son journal (ne seraient-ce pas les feuillets datés du 7 janvier 1941 'relatifs à la position de la N. R. F. qui éclairent d'un jour parfait cette obscure querelle; mais qu'il n'y a pas lieu, ce me semble, de donner à présent?[1]). Pour nous en tenir aux vivants, je citerai Edith Thomas et Jean Duvignaud. D'autres ont préféré taire leurs noms, par une prudence qu'il appartient à Paulhan de juger.

4° Il paraît que j'ai peur de 'la bande de loups qui vient d'être lâchée', et que ce délire de persécution m'ôte tout bon sens. Peur de qui? Peur de quoi? De Paulhan, de Bardèche, etc.? Il ne me semble pas que mon attitude porte la moindre marque de crainte ou de délire, ni même de la prudence que je soulignais plus haut. Il est vrai que Paulhan est craint, et que celui qui se fait appeler 'l'Éminence grise des Lettres' a l'habitude d'être encensé parce qu'il est craint et n'aime pas qu'on lui dise les quatre vérités qu'il prétend assener aux autres. De là, sans doute, la sombre fureur avec laquelle, pour punir ma franchise, il s'acharne à me calomnier fort sciemment, faute de pouvoir réussir une prise plus loyale.

Le procédé est classique, s'il n'est pas beau. Il consiste à prêter des idées stupides ou des intentions viles à celui qu'on veut attaquer, et à faire passer ses propres mensonges pour la vérité de l'autre. Que je sois un vieux capitaine, que je me prenne 'de toute évidence' pour un directeur de la Résistance, que j'aime la France à cause de sa cuisine et de sa galanterie, etc., etc.[2], ces niaiseries sans fondement n'ont pas d'autre portée que de jauger celui qui les fabrique. Mais voilà que je veux 'priver de patriotisme' les Tibétains. Pourquoi? Pour en arriver au fin du fin: le 'chrétien de service' montant la garde aux portes de l'État qui, l'État que. . . enfin.

Tant de grosses sottises, de petites vilenies, de propos décousus accumulés pour que surgisse, on ne sait plus trop d'où, la calomnie majeure, celle que l'ami de la vérité est allé ramasser toute chaude dans les feuilles nazies de langue française, où elle court chaque semaine à côté de son propre éloge.

Paulhan sait fort bien que je ne suis de service nulle part, au service de personne; que j'écris à droite et à gauche ce qui me plaît; que je proteste contre toute injustice sans peser qui la commet; que je suis inclassable dans ce petit monde compartimenté, et que c'est bien gênant. Il le sait, et cela l'ennuie: il le nie. Il me voit condamner le régime concentrationnaire où qu'il soit appliqué: il le cache. Il a lu, dans la *Voie libre*, le *Faux Dilemme* que j'y publiai; il l'approuve, mais de bouche à oreille: politiquement, il l'ignore. Il faut à tout prix me faire passer pour ce que je ne suis pas, afin que Paulhan ne passe pas pour ce qu'il est. Et que je sois un 'politique' pour que Paulhan puisse, en versant des larmes de crocodile, se passer sur la tête la cagoule de la mystique afin qu'on ne le voie pas rire. Est-ce bien sérieux pour un grammairien que de confondre mystique avec mystification?

Ces impostures balayées, nous revenons aux deux questions essentielles que j'avais posées et qui sont demeurées sans réponse.

Pourquoi, dans une *Lettre aux Directeurs de la Résistance*, publiée aux Éditions de Minuit, qui fut clandestine puis résistante, et — malgré son changement de direction — passe encore pour l'être aux yeux de la plupart, Paulhan ne souffle-t-il mot de la Résistance, de l'occupation, des centaines de milliers de victimes faites par l'occupant et par ses satellites? Pourquoi n'en a-t-il jamais soufflé mot?

Il parle de *La Paille et le Grain* (1948), et de ses critiques contre 'l'odieux et le ridicule de la liste noire'. Il n'est point question dans tout cela de la Résistance, il y est question des communistes après la Résistance — je l'ai dit, c'est affaire entre eux. Je rappellerai seulement qu'il a été l'un des promoteurs de la liste noire, l'un des plus acharnés à attaquer ceux qu'il défend aujourd'hui et pour lesquels Mauriac et Schlumberger demandaient déjà l'indulgence.

Cela, on me l'a dit, et les textes le prouvent. Pour moi, je n'étais pas là, j'ignorais tout de cette 'épuration' dont aujourd'hui Paulhan nous rebat les oreilles. Il le sait, il sait où j'étais et comment j'en suis revenu, à la fin de mai 1945. De cela non plus il ne souffle mot, pour pouvoir m'accuser de 'chantage à la mort'. Si j'ai rappelé les massacres des Juifs, des fusillés, des maquisards, des déportés, c'est parce que personne ne veut plus y penser et que c'est pourtant l'essentiel et l'initial: '*Je sais*, ose écrire Paulhan, qu'ils seraient tout les premiers honteux et offensés du parti que Martin-Chauffier tire de leur héroïsme.' J'évoque simplement leur mémoire, c'est mon rôle et mon devoir; les survivants des camps en ont fait le serment. Paulhan, lui, exploite et trahit leur mémoire en les faisant parler à son profit. Qui donc se rend coupable de chantage à la mort?

Mais, pour en revenir aux vivants, dont on ne peut truquer les propos, que Paulhan demande donc aux membres survivants du réseau du Musée de l'Homme, dont il faisait partie, ce qu'ils pensent de son pamphlet et de ma réponse, et qui, de lui ou de moi, les rend honteux.

De tout cela, de la Résistance en un mot, 'il n'est pas question — disais-je — dans votre libelle'. A quoi Paulhan réplique allégrement: 'Évidemment, qu'il n'en est pas question.'

Je lui répète obstinément: 'Pourquoi?'

Et j'ajoute, toujours obstinément:

'Pourquoi vous êtes-vous tu publiquement quand il y avait quelque risque à demander l'indulgence pour ceux qu'alors vous accabliez en privé et qu'aujourd'hui vous soutenez parce qu'ils ont recouvré l'arrogance et la force?' Paulhan n'a pas répondu, il ne peut répondre sans se démasquer. J'ai contribué à le faire, j'en éprouve quelque satisfaction.

Mais je ne le laisserai pas établir une confusion volontaire entre la Résistance et ce qui a suivi. Je ne le laisserai pas tenter de prêter aux résistants une bonne conscience acquise une fois pour toutes, un brevet de bonne conduite qui les dispense de tout effort. Je ne laisserai pas affirmer que les résistants prétendent avoir des droits et des privilèges spéciaux. Ils ont fait leur devoir quand il fallait choisir de le faire, à tous risques. Il n'y a rien là qui mérite la faveur. Il n'y a rien là non plus qui appelle l'injure, sinon de ceux qui ne nous pardonnent pas d'avoir eu raison quand il était si profitable d'avoir tort, ou de celui qui ne nous pardonne pas de rester fidèles à cette 'mystique' qu'il bafoue en s'en réclamant.

J'ai dit dans ma lettre précédente ce que je pensais de l'épuration de 1944–1945, de ses fautes, de ses erreurs; de ses faiblesses aussi. Je n'y reviendrai pas. Mais me prêter cette pensée que 'l'occupation, parce qu'elle était immonde, ne nous laissait que le devoir d'être immondes' est, de toutes les vilenies où s'abaisse Paulhan, la plus ignoble qu'il ait osée, quant tout ce que j'ai fait et écrit exprime le souci constant d'agir et de penser au contraire des immondes pour leur refuser toute victoire sur nous-mêmes.

Quant à la 'vengeance que [j']exige à la place [de la justice]', je dirai simplement que je n'ai jamais demandé la tête ni la peau de personne, ni même la prison pour quiconque. D'où je reviens, la vengeance est dépassée; subsistent seulement le sentiment et l'amour de la France, dont je ne vais pas chercher les définitions en tripatouillant les codes. La Justice et la France ont un sens fort précis pour moi. Mais je ne suis pas grammairien.

Louis Martin-Chauffier

Notes

1 André Gide: *Journal,* 1939–1941, p. 119, en note (Éd. du Haut Pays, 1945). Dans l'édition du *Journal* 1939–1942, publiée chez Gallimard en 1946, cette note de Gide a disparu.

2 'Je ne parlerai pas de musique à un sourd': ainsi Paulhan conclut-il d'assez obscurs propos. Pardon: j'entends fort bien les fausses notes.

Réflexion de Jean Chauveau sur la *Lettre* de Jean Paulhan
Liberté de l'Esprit, avril 1952

M. Jean Paulhan n'est pas mécontent de sa brochure: il a l'impression qu'elle fait scandale. Et c'est vrai, au moins auprès de ceux qui, protestant contre elle, se désignent au rôle forcément difficile et un peu ridicule de 'directeurs de la Résistance'. C'est ce que M. Paulhan escomptait en les provoquant. Du coup, il 'en remet'.

'Inique' l'épuration aux yeux d'Hitler ou de Staline? Improvisée plutôt et incomplète. En somme, maladroite.

Claires les intentions de l'auteur de la *Lettre aux Directeurs de la Résistance*? Je persiste à penser qu'elles ne le sont pas. Pour les raisons que j'ai dites et qui ne tiennent pas à la faiblesse des premières réponses que cette lettre a provoquées, mais, répétons-le: à sa suscription (M. Paulhan a reconnu lui-même qu'il parlait de l'épuration, non de la Résistance. Quant aux directeurs de celle-ci, qui peut les désigner?); à la non-discrimination entre les coupables; à la confusion des victimes de la libération insurrectionnelle de l'été et de l'automne 1944 avec les condamnés de l'épuration judiciaire: au canular d'une justice ('authentique'?) rendue par Vichy à la trahison; au reproche d'avoir fait comparaître les collaborateurs devant des résistants, au lieu de recourir au jugement de tiers attentistes et indifférents, ni vichystes ni gaullistes. (Mais où les aurait-on trouvés en 1944 et comment se seraient-ils comportés? Ne choisit-on pas, pour faire partie des jurys de cour d'assises des gens réputés honnêtes, semblables aux victimes des inculpés qui comparaissent devant eux?)

Le compromis judiciaire de l'épuration (mi-légal, mi-arbitraire) valait-il beaucoup moins — compte tenu du caractère extraordinaire des crimes en cause et des circonstances — que la justice 'normale' dont nous voyons les tâtonnements et les défaillances dans maintes affaires récentes?

Lorsqu'il assure que l'épuration n'a été dans son principe que 'haine et vengeance', 'prévarication et forfaiture' (réponse à M. Martin-Chauffier dans le *Figaro littéraire*), M. Paulhan se défend de céder à l'amitié pour des non-résistants et au respect formaliste de la légalité. C'est dit-il, *en grammairien* qu'il se prononce et comme tel qu'il sent la honte lui monter au visage. Subtilité dont on voit très bien où elle mène, en distinguant assez mal comment.

J'avais compris d'abord que, prenant le code pénal pour parole d'évangile, et ayant découvert que les articles 79 et suivants sur les 'atteintes à la sûreté extérieure de l'État' condamnaient des actes commis 'sans autorisation du gouvernement', M. Paulhan avait trouvé là la clé de l'énigme que lui posait l'article 75 en qualifiant la trahison par rapport à la France, notion 'difficile à définir' selon lui. Établissant alors une équivalence entre le mot 'gouvernement' (terme clair) et le mot 'France' (terme obscur), il développait le syllogisme suivant: 'La France que l'on peut trahir est telle que l'a définie le gouvernement du moment' et le gouvernement légal de la France de 1940 à 1944 étant celui de Vichy, 'un seul gouvernement, celui du Maréchal, avait qualité pour juger les trahisons commises entre 1940 et 1944. C'est à lui qu'il fallait d'abord faire appel. Quitte à le juger plus tard à son tour.'

Il paraît que ce rigoureux raisonnement — qui débouche dans l'impossible et constitue la charnière de la démonstration 'du truquage, du mensonge et de la fausseté' de l'épuration — n'est point inspiré par un souci de légalité formelle, dont son auteur 'se fout', mais par le goût de la propriété des mots. Par lui cependant, M. Paulhan ne met pas en cause le fondement moral ou politique de l'épuration qu'il admet au contraire, mais son fondement *légal*.

Un juriste pourrait peut-être discuter le rapprochement fait par le grammairien d'articles du Code de portée tout à fait différente. Les articles 75 et 76 définissent la trahison envers la France en énumérant des actes qui entraînent celle-ci, quelle que soit la qualité de ceux qui les accomplissent, fussent-ils par exemple membres du gouvernement. (Ils relèvent alors de la Haute-Cour.)

Ces actes sont: porter les armes contre la France, engager une puissance étrangère à entreprendre les hostilités contre la France et lui faciliter la chose, livrer à une puissance étrangère des territoires, du matériel, des armes appartenant à la France, inciter les soldats français à servir une puissance en guerre avec la France, favoriser les entreprises d'une telle puissance, lui livrer des secrets de la défense nationale, saboter cette défense nationale moralement et matériellement. Autant de crimes qui méritent la peine de mort sans aucune exception en faveur de quiconque.

Au contraire, les articles 79, 80, 81 et 82 visant les 'atteintes à la sûreté extérieure de l'État' énumèrent des actes tout à fait différents des premiers et qui sont criminels, *sauf s'ils sont accomplis avec l'autorisation du gouvernement.*

Citons-en quelques-uns: exposer la France à une déclaration de guerre ou des Français à des représailles, entretenir des relations avec les agents d'une puissance étrangère, commercer en temps de guerre avec l'ennemi, livrer des renseignements intéressant la défense nationale à une puissance étrangère, rechercher de tels renseignements. Tous ces actes entraînent non la mort, mais les travaux forcés à temps.

On comprend tout de suite pourquoi les premiers articles évoquent *la France*, la patrie, en cause dans les cas de trahison, tandis que les seconds se réfèrent seulement au gouvernement, expression de *l'État* menacé dans sa sûreté extérieure. Mais laissons cela, qui n'est pas plus de ma compétence que de celle de M. Paulhan.

La question de vocabulaire posée par ce dernier ne me semble pas plus claire, ni la réponse qu'il lui donne, plus convaincante. En quoi le mot 'gouvernement' est-il d'une signification plus accessible et simple que le mot 'France'? On a vu, précisément en 1940, qu'ils pouvaient ne point du tout se confondre et que la discussion était tout aussi possible sur le sens du premier que sur celui du second. A quoi nous sert-il de connaître le gouvernement légal si nous croyons qu'il ne représente plus la France? C'est tout le débat ouvert entre Français de 1940 à 1944. Pourquoi aurait-il fallu que ceux qui, tel M. Paulhan, ont fait passer 'leur' France avant le gouvernement des autres, s'en remettent à celui-ci — disparu d'ailleurs dans la tourmente — de l'inévitable règlement d'un aussi tragique conflit? L'absurdité d'une telle conclusion me paraît, du point de vue du vocabulaire comme du bon sens, faire justice du raisonnement de M. Paulhan.

Cela dit, non point du tout pour altérer la bonne conscience qu'il se fait au prix de la condamnation des autres — résistants, collaborateurs et indifférents pêle-mêle —, mais pour ne pas céder au mauvais charme d'une rhétorique spécieuse.

Quant aux écrits de M. Paulhan antérieurs à sa *Lettre* et consacrés à la défense du droit à l'erreur des écrivains, ils relevaient de la souriante indulgence qu'on accorde généralement à l'anticonformisme des gens de lettres. Généreuse ou pernicieuse, leur influence ne dépassait pas les limites du monde littéraire. La *Lettre aux Directeurs de la Résistance* requiert d'une façon générale contre l'ensemble de l'épuration. C'est pourquoi elle paraît beaucoup plus insolite et m'a paru appeler d'autres observations.

Jean Chauveau

Une lettre de M. Jean Paulhan
Liberté de l'Esprit, avril 1952

Cher Claude Mauriac,

J'ai écrit un petit livre, où je montre que notre mystique de résistants — si vous aimez mieux, notre foi commune — se trouve trahie,
depuis sept ans, par une épuration qu'Hitler ou Staline eux-mêmes (je
veux dire des gens pas très scrupuleux sur les moyens) jugeraient
inique. Chacun sait que la justice ne couche pas avec les vainqueurs.
Cette fois-ci, elle exagère. De toute évidence, elle ne peut même pas
les sentir. Pourtant, elle devrait se rappeler que c'est par elle, et pour
elle, que nous avons combattu. A son défaut, nos directeurs — politiques, gens en place et autres[1] — devraient s'en souvenir: enfin, je me
permettais de leur faire certains reproches, de leur poser certaines
questions. M. Jean Chauveau insinue là-dessus que mes intentions
sont 'troubles'. Il n'en donne à vrai dire qu'une preuve: c'est que MM.
Martin-Chauffier et Roger Stéphane m'ont répondu avec 'maladresse,
insuffisance et grossièreté'. Moi, j'y verrais simplement la preuve que
ces deux personnages sont eux-mêmes maladroits, insuffisants et
grossiers. Il ajoute que je m'y prends bien tard pour critiquer l'épuration. Mais non! J'ai commencé en 1944; j'ai continué en 1945, en 1946,
en 1947. L'on en trouvera la trace dans les journaux du temps.
Simplement, personne ne m'a écouté. Ne m'a même entendu.
Aujourd'hui, ma lettre fait scandale. C'est un progrès. Patience. Dans
trois ans, elle sera tenue pour ce qu'elle est: une simple banalité.

Cependant, M. Jean Chauveau me fait observer qu'il est difficile
d'être un politique et que j'ai beau faire le malin, j'aurais été bien
embarrassé à la place des épurateurs. Ai-je dit le contraire? Tout ce
que je leur reproche, c'est justement de n'avoir pas connu l'embarras
— d'avoir coupé au plus court. Or, le plus court, en de tels cas, c'est
toujours le mensonge et le truquage: c'est le faux. Et il n'y a pas à en
être fier.

Je n'en suis pas fier (pour eux). Puis-je le dire (et que le lecteur
excuse cette confidence). Je crois bien que je n'aurais pas écrit cette

lettre, n'était la honte que j'éprouve — et que je suis très vexé d'éprouver — devant chacun de vos condamnés, fût-il à mon sens le pire des coupables. Ici M. Chauveau ajoute bizarrement que ma honte 'se fonde sur le respect formaliste de la légalité', et qu''une telle faiblesse de raisonnement doit en cacher une autre près du cœur, pour des amis qui. . . pour des amis que. . .' Mais non, mais pas du tout! L'amitié n'a rien à voir là-dedans, ni le cœur, et je me fous de la légalité toute pure. Ce que j'ai découvert — et je crois que c'en valait la peine — c'est que le Code et la langue du droit *ne se trouvaient pas ici de pure forme,* c'est qu'ils trahissaient, par leur faute de grammaire, une faute plus profonde — une faute de pensée.

Les vieilles statues nous montrent en général la Justice aveuglée par un bandeau. Et le sens de ce petit symbole n'est pas du tout, comme on le croit souvent (comme semblent en tout cas l'avoir cru nos épurateurs); qu'elle est faite pour taper à tort et à travers. Non. Mais bien qu'elle s'interdit de faire acception des personnes; qu'elle est sans parti pris; qu'elle ignore si l'accusé est puissant ou misérable, s'il est ami ou ennemi.

La justice de l'épuration, tout au contraire, y voyait trop bien. Elle était *prévenue.* Qui était chargé de la rendre? C'étaient, d'une part, des résistants, victimes de leur courage; de l'autre, des communistes partisans, contre la collaboration allemande, de la collaboration russe. Et souvent les deux à la fois. Soit pour les collaborateurs (supposés) des victimes offensées ou des concurrents jaloux — et tous, les vengeurs comme les rivaux, également bourrés de parti pris, pas aveugles pour deux sous. Si le droit parlait mal, c'est donc qu'il avait mal pensé. Tout se passait comme si la lettre et l'esprit, dans la circonstance, ne faisaient qu'un: la forme se trouvait spirituelle et l'esprit littéral.

Bref, ce n'est pas un simple fait que j'affirme, c'est un *rapport* que je discerne; et l'un des rapports les plus précis qu'il nous soit donné de connaître: un rapport de langage. Comme si nos directeurs s'étaient soudain mis à table; comme s'ils avaient *avoué.* Et que faire de cet aveu? Ah! je n'en sais trop rien, ce n'est pas mon affaire. Je dirai, à tout hasard, qu'il faut bien que ces histoires s'arrêtent, et qu'on en finisse avec le règne du faux. Qu'il est faux que les Français se partagent en deux castes, dont les uns seraient les purs et les autres les impurs: les dignes et les indignes. Que l'on n'est pas nécessairement un misérable pour avoir eu confiance dans le Maréchal quatre ans de plus que Léon Blum, trois ans de plus qu'Edouard Herriot, un an de plus que Giraudoux, trois mois de plus que Valéry. Que si les amis de Pétain ont pris, de 1940 à 1944, quelque avance dans l'injustice, les épurateurs, depuis, se sont bien rattrapés. Qu'on peut mettre dans le même sac ces petits (ou grands) malhonnêtes et ces pharisiens.

Je ne parle pas, remarquez, de réconciliation, ni d'embrassades. Je ne parle pas d'indulgence ni de bonté.[2] Je crois fortement que la paix civique peut vivre de justice et de droit. Mais le droit, ce n'est pas seulement les lois. Il arrive qu'il y faille aussi (comme le 16 juin) l'initiative, et l'invention (et les lois elle-mêmes, il a bien fallu qu'on les imagine), bref — comme nous disons dans les Lettres — le fait du Prince.

Ah! ce ne sont pas les précédents qui manquent. Les précédents honorables et même illustres. Certain décret de Thermidor, an III porte (à peu près) que 'l'inscription de cour de justice, ou de chambre civique, sera effacée partout où elle se trouve. Et d'abord dans les esprits. Thrasybule, quand il a délivré Athènes de l'occupation et des collaborateurs, tranche qu'il sera désormais interdit sous peine de mort de reprocher à personne sa conduite passée.' Et l'édit de Nantes dit sagement: 'Que la mémoire de toute chose passée depuis le 1er juillet 1640 demeurera éteinte et assoupie comme de chose non advenue, et il ne sera loisible à personne d'en faire mention sous peine d'être puni comme perturbateur.' Voilà des choses bonnes à entendre. Qui donc ose parler aujourd'hui, quel est le Français qui est *en droit* de parler comme Henri IV ou Thrasybule, comme les gens de Thermidor? Je fais appel à ce prince.

Jean Paulhan

Notes

1 *Liberté de l'Esprit* se plaint que je ne les nomme pas. Laissons-les se nommer eux-mêmes. Parmi les candidats, je vois déjà MM. Georges Duhamel, Martin-Chauffier, Roger Stéphane.

2 Pourtant, je dois être meilleur que je n'en ai l'air. Je suis d'avis, je suis énergiquement d'avis, qu'il vaudrait mieux épargner à des esprits aussi distingués que MM. Stéphane ou Martin-Chauffier la peine d'écrire les sottises et les 'grossièretés', dont parle M. Jean Chauveau.

Gabriel Marcel:
'Jean Paulhan a-t-il trahi la Résistance?
Tout compte fait, je ne puis blâmer Jean Paulhan'
Arts, le 8 avril 1952

Jean Paulhan sait bien — je le lui ai dit publiquement — que je suis à ses côtés sans l'ombre d'une hésitation dans cette douloureuse affaire. Douloureuse certes. Il me paraît effrayant qu'en 1952, sept ans après la Libération, l'imposture qu'il stigmatise ne puisse encore être dénoncée sans que d'honnêtes gens se bouchent les oreilles et poussent les hauts cris. Quel inconcevable aveuglement!

Je trouve d'autre part incroyable qu'on ose accuser Paulhan de palinodie, alors que son attitude est au contraire d'une cohérence exemplaire: c'est parce qu'il a eu sous l'occupation le courage que l'on sait qu'il avait pleinement le droit d'écrire cette lettre. On a prétendu faussement que celle-ci constituait une condamnation de la Résistance. Il n'en est rien, je suis absolument certain que Paulhan ne songe pas à renier son passé: il est même déjà tout prêt à reprendre la lutte le jour où il le faudra contre les nouveaux collaborateurs. Ce sera la même lutte, exactement. Mais comment se fait-il qu'on éprouve le besoin de tout confondre? Et quelle objection peut-on opposer à l'argumentation qui est contenue dans la lettre? Les exclamations et les invectives ne sont pas des réponses.

Certes il est attristant de penser que ce texte sera exploité par des hommes méprisables qui ont été des complices et qui, aujourd'hui, hélas! relèvent la tête. Jean Paulhan a estimé que la vérité était la vérité, et qu'il fallait la dire sans tenir compte des indignes qui tentaient, non sans mauvaise foi, de l'utiliser à leur profit. Tout compte fait, je ne puis l'en blâmer. L'événement montre, hélas! que cette vérité est encore très insuffisamment reconnue et qu'il faut porter témoignage. C'est ce qu'il a fait. Je lui dis ici ma gratitude et mon amitié.

Gabriel Marcel

Lettre inédite de Roger Caillois à Louis Martin-Chauffier à propos de sa polémique avec Jean Paulhan, le 16 mai 1952[1]

Cher Louis Martin-Chauffier,

Je vois bien ce qui vous a exaspéré dans l'opuscule de Jean Paulhan: cette position soudain juridique, abstraite, tenant compte du texte du Code plutôt que du contexte de l'histoire, et sacrifiant brusquement ou paraissant sacrifier la justice à la jurisprudence. Et puis: ce qui vous semblait la trahison d'un des vôtres: un résistant adoptant plusieurs des arguments de leurs ennemis. Plus que tout peut-être: le heurt de deux sensibilités: la vôtre attentive, vigilante et toute de gravité et celle d'un homme qui met de la coquetterie dans son détachement et qui vous a paru tout à coup en avoir mis jusque dans les actions qui l'engageaient le plus. Mais relisez donc la préface au recueil *La Patrie se fait tous les jours*, le seul texte (ou à peu près) sur l'amour de la patrie, qui me soit personnellement sympathique. Il n'y a nul esprit de jeu dans ces pages.

Je reviens à votre diatribe: il me semble qu'elle dénature les intentions, le sens, la lettre même des réflexions de Paulhan. Elle lui fait dire, j'en ai peur, l'inverse de ce qu'il exprime. Vous donnez à croire qu'il tient les résistants pour des lâches, des traîtres et des assassins. C'est le contraire qui est vrai. Et si Paulhan ne claironne pas trop haut leurs louanges, c'est qu'elles retomberaient sur lui, et qu'il n'est pas homme à se tresser des couronnes à lui-même. Il est d'un orgueil si sourcilleux qu'il pousse la modestie jusqu'à l'extravagance. Pourtant, dans sa plaquette, s'il dit les choses avec pudeur, il les dit aussi fort nettement. S'il arrive au lecteur de confronter les deux textes, le sien et le vôtre, il risque de rester ahuri et un peu effrayé qu'on puisse travestir à ce degré et détourner la pensée d'un auteur. Il y a là quelque chose que je ne sais pas qualifier et qui me paraît différent du mensonge et de la mauvaise foi: une sorte d'aveuglement fondamental et créateur, qui tient à une incompatibilité essentielle de nature.

Je viens au point le plus grave. C'est peu que vous traitiez Paulhan en transfuge. Vous voulez qu'il l'ait toujours été. Il aurait, selon vous, un caractère si irrémédiablement corrompu et destructeur que l'homme ne se serait exposé que par hasard ou par caprice, en vertu d'une équivoque, et à vrai dire pour se ménager dès 1940 l'occasion de trahir en 1952. Car c'est bien ce que je lis: 'Je suis sûr que vous êtes entré dans la Résistance, en dépit de vos amitiés et de vos attraits, pour pouvoir écrire plus tard quelques petits livres de l'espèce de celui-ci.'

De sorte que les actions qu'on avait pu croire louables chez lui étaient en réalité (et déjà à cette époque) criminelles et malicieuses. Elles avaient pour objet véritable de semer plus tard la confusion chez les purs, et de discréditer leur mérite. Dès l'origine, de naissance, d'éternité, Paulhan était un saboteur. Une vipère lubrique? Un maudit? On a le choix entre les divers vocabulaires de la prédestination, du janséniste au soviétique.

J'insiste sur le côté diabolique de votre raisonnement. Quoiqu'on fasse, quoiqu'on ait fait, on ne saurait échapper à une accusation comme la vôtre, puisqu'elle prévoit que tous les états de service qui autrement seraient réputés héroïques et dont l'accusé pourrait se prévaloir aux yeux du juge, doivent apparaître à celui-ci comme autant de circonstances aggravantes, qui soulignent la perversité inexpiable du damné.

Le journal où vous avez publié votre protestation a souvent dénoncé ce genre de réquisitoire lors des procès qui se sont succédé dans diverses capitales de l'Est Européen. Je ne me doutais pas que ce même journal contribuerait sous votre signature à en introduire l'usage en France. Vous me direz que, pour le moment du moins, cet usage n'y tire pas à conséquence. Soit. Mais il ne convient pas de donner à l'esprit de mauvaises habitudes. Elles risquent trop de prospérer.

Roger Caillois

Note
1 Dans l'édition de Jean-Jacques Pauvert (1987).

A M. Jean Chauveau
Liberté de l'Esprit, mai–juin 1952

Cher Monsieur,

Merci de vos critiques, qui me sont très intéressantes. Et je ne suis pas certain de savoir, sur tous les points, vous répondre. Mais, je vous en prie, laissons là les spécialistes, les questions qui ne sont pas 'de notre compétence' et les défauts ou manies (l'anticonformisme en particulier) propres aux gens de lettres. Où les spécialistes divaguent en tout sens, c'est à l'honnête homme — fût-il homme de lettres — à prononcer. Si vous aviez lu, avec la patience qu'il m'a bien fallu y mettre (et qui, je dois le reconnaître, ne se montre pas dans ma lettre) les arguments — fort sages — par lesquels d'éminents juristes — professeurs, auteurs de *Manuels* de droit constitutionnel — démontrent, avec une égale vraisemblance, les uns que Pétain était légal et légitime, les autres qu'il était légal et illégitime, les troisièmes qu'il était illégal, mais légitime, les derniers qu'il était illégal et illégitime, eh bien! je vous promets que vous seriez de mon avis. Non, ce n'est pas là une question pour spécialistes (en tout cas, elle leur a échappé).

Mais je voudrais répondre à celle de vos objections qui en commande il me semble, quelques autres. Celle-ci c'est qu'il eût été difficile et peut-être imprudent, de choisir comme jurés, dès 1944, des 'tiers indifférents'. Ne choisit-on pas (ajoutez-vous) pour faire partie des jurys d'assises des gens réputés honnêtes, semblables aux victimes des inculpés qui comparaissent devant eux?

Eh oui! c'est bien sûr. On a parfois songé à tirer de leurs prisons les voleurs et les bandits pour les envoyer au loin fonder des villes. (En général, ils les ont très bien fondées). Jamais pour en faire des juges. Mais vous êtes-vous demandé pourquoi? [Après tout, la chose n'aurait pas été sans avantages. Avouez que des bandits auraient peut-être mieux compris que vous ou moi ce qui s'était passé et quel était le degré de culpabilité des accusés. Qu'ils auraient mieux été à la page. Plus intéressés aussi par l'événement (sans compter le plaisir d'être libre quelques jours).] Mais (dites-vous) comment se seraient-ils comportés? J'avoue que je n'en sais trop rien (ni vous). Peut-être auraient-ils été trop indulgents pour des frères en mésaventure. Ou peut-être trop sévères pour des rivaux? Mais qui risque aussi bien l'extrême sévérité que l'extrême indulgence, il y a bien des nuances pour qu'il soit simplement équitable. Non. Il faut chercher ailleurs.

Eh bien, je crois que la réponse nous est très précisément donnée par ces statues de la Justice aux yeux aveuglés (dont je vous parlais), ou encore par ces Justices sans tête (qu'ont sculptées les Égyptiens): c'est que la Justice ne doit pas savoir qui elle frappe. Qu'elle ne fait pas acception de personnes (comme disent les juristes), ni d'actes (comme pourraient dire les moralistes). Qu'elle ignore si l'accusé est faible ou puissant, sympathique ou antipathique. Qu'elle n'éprouve à son égard, d'avance, aucun sentiment. Qu'elle n'est pas *prévenue*. Qu'elle n'est pas intéressée.

Et je ne nie pas qu'il y ait là un sentiment plutôt étrange et paradoxal, et qui, de toute manière, ne se justifie pas. Qu'y faire? C'est pourtant votre sentiment, c'est le mien. C'est le sentiment des hommes depuis qu'ils parlent de justice. Pas plus qu'il n'est raisonnable de se fier à la raison, il n'est juste d'aimer la Justice. Mais Raison comme Justice sont deux systèmes de preuves qui ne se prouvent pas eux-mêmes. Ils ont d'autres traits communs. Mais celui-là nous suffit. Un héros offre, sitôt qu'il s'agit de juger, le même inconvénient qu'un bandit. Car lui aussi est prévenu; trop intéressé sachant un peu trop de quoi il s'agit. Il a passé par là. Sera-t-il trop indulgent — sachant quels ont été ses doutes et contre quoi il a dû lutter? Sera-t-il trop dur? (Oui, le plus souvent: parce qu'il est fier d'avoir triomphé de ses doutes; aussi parce qu'il a d'autres héros à venger.) Laissons cela. Et personne aussi bien n'a jamais songé à choisir les jurés sur leur honnêteté, ni sur leurs mérites. La justice anglaise les désigne d'un mot qui veut dire à peu près: les premiers imbéciles venus. Et on ne saurait mieux dire. Or, les jurés soit résistants ou communistes, qu'est allée chercher la justice de l'Épuration, n'étaient pas les premiers venus. Ils étaient, si je puis dire, tout le contraire: soit héros, victimes, vengeurs ou concurrents, ils manquaient terriblement d'indifférence. Pas du tout mûrs pour la Justice. Le mot de *prévarication* vous a-t-il choqué? Il désigne très exactement l'état de l'homme qui, par nature ou par accident, manque à ses obligations — dans le cas présent, à son devoir de justice, à sa nature de justicier.

Cela dit, reste que je me suis exprimé sur un point au moins d'une façon trop vague. Je n'aurais pas dû dire qu'il fallait 'faire appel, pour juger les collaborateurs, au gouvernement du maréchal'. Mais plus exactement, qu'il fallait les juger *en fonction* des arrêts, actes constitutionnels et décisions prises par le gouvernement du maréchal. C'est là ce que je pensais donner à entendre. J'avais tort. En ces matières, on n'est jamais assez précis.

Reste aussi — je ne peux pas le nier — que mon intention avait quelque chose de trouble et d'inavoué. J'ai écrit dans ma vie quelques petits livres, dont il faut avouer qu'ils sont — je ne voudrais pas dire ennuyeux —, mais difficiles et en tout cas un peu abstraits. J'aurais souhaité pour une fois (car enfin j'ai vieilli) me rendre utile; faire du bien, bref, travailler à l'amitié française qui ne se fondera, j'imagine, que lorsque chacun de nous (je ne fais certes pas exception pour moi, quoi que vous en pensiez) consentira à se reconnaître quelques torts. (Mais y travailler de biais, sans ces pénibles appels à la concorde qui donnent si fort, je ne sais pourquoi, l'envie de se brouiller avec tous ses voisins.) Je voudrais être plus sûr d'y être parvenu. Non, je ne suis certes pas aussi satisfait de ma *lettre* que vous ne le supposez.

Je passe à la forfaiture. Vous m'objectez ici qu'il n'est question du *gouvernement* que dans les articles 79 à 82 du Code (qui visent les atteintes à la sûreté extérieure de l'État), non point dans les articles 75 et 76 (qui visent la trahison proprement dite). Le fait est exact. Vous ajoutez qu'il s'agit ici et là d'articles 'de portée tout à fait différente', et que j'ai tort de rapprocher. La trahison, dites-vous encore, 'met en cause la France, la patrie' (quel que soit le gouvernement); l'atteinte à la sûreté extérieure, 'le gouvernement, expression de l'État menacé dans cette sûreté'. Vous poursuivez: 'Laissons cela, qui n'est pas plus de ma compétence que de celle de Paulhan.'

Mais si! Le Code est parfaitement de votre compétence et de la mienne. Je ne sais s'il est aussi bien écrit que le voulait Stendhal. Du moins est-il, sur le point qui nous occupe, parfaitement clair et cohérent. C'est lui, ce n'est pas moi, qui rapproche ces articles-ci et ceux-là. Qui les réunit dans un même chapitre, dont le titre est: 'Des crimes et délits contre la sûreté de l'État.' Dans une même section, dont le titre est: 'Des crimes et délits contre la sûreté extérieure de l'État.' Et qu'est-ce que l'État?

Le petit *Larousse* répond: 'Une nation organisée, soumise à un gouvernement.' Et voilà qui est très clair: l'État dont il s'agit ici, cet État que l'on peut mettre en danger, léser, trahir, c'est aussi bien le gouvernement (de la France) des articles 79–82, que la France (soumise à un gouvernement) des articles 75–76. Bien. Et pourquoi donc — me direz-vous — mettre ici l'accent sur la France, et là sur le gouvernement?

Ah! ce que je sais en tout cas, c'est que ce ne peut être pour la raison que vous dites. Quoi! Ce ne serait pas la 'sûreté extérieure de l'État' que compromettent, en temps de guerre, la livraison à l'ennemi de villes fortes, territoires, cuirassés et le reste — bref, ce que le Code appelle '*trahison*'? Quoi! La patrie ne serait pas menacée par les 'actes hostiles' du Français qui entretient des relations avec un sujet ennemi, enrôle des soldats pour une puissance étrangère, fait commerce avec l'ennemi, expose les Français à subir des représailles — bref, ce que le Code appelle '*atteinte à la sûreté extérieure*'? Ne voyez-vous pas qu'ici et là c'est la même France — et le même gouvernement — qui sont en cause? Mais quelle est alors la différence?

Elle me paraît assez claire. C'est qu'il peut arriver que le gouvernement, dans l'intérêt (bien ou mal entendu) de la France, donne à tel ou tel Français commission de s'entendre avec un sujet ennemi (en vue, par exemple, de négociations futures) ou de faire commerce avec lui (afin de se procurer telles denrées qui lui font défaut). Au lieu que l'on n'imagine point qu'il aille jusqu'à livrer quelque place forte ou 'faciliter la pénétration des troupes étrangères sur le territoire français'. Bref, il suffit de citer la *France* quand le *gouvernement* va de soi. Où l'on cite le *gouvernement*, c'est la *France* qui va de soi. Et somme toute, l'économie du sens, ici et là, est rigoureuse: le Code met en tout cas l'accent sur *ce qu'on risquait d'oublier*. En voulez-vous une nouvelle preuve? Ouvrez le *Dalloz*, tome IV, à la page 134. Vous y trouverez ce commentaire à l'article 75:

'On peut définir d'une manière très large la trahison: le fait de favoriser un gouvernement aux dépens du sien.'

Vous entendez bien: la *trahison* (et non l' 'atteinte à la sûreté extérieure'). Le *Dalloz* ajoute:

'Il faut supposer (pour qu'il y ait trahison) que des actes matériels, non approuvés par le gouvernement, ont été commis.'

Et c'est tout ce que je voulais dire. (Mais sans doute l'ai-je mal dit, ou de façon trop sommaire.) Au sens strict du Code, il ne pouvait y avoir trahison, de 1940 à 1944, qu'en fonction des arrêtés, décisions et lois promulgués par le gouvernement du maréchal.

Jean Paulhan

Cette seconde mise au point de M. Jean Paulhan est trop courtoise pour que je n'y réponde pas au moins d'un mot.

Personne ne défend les erreurs d'application, certaines, et les faiblesses, évidentes, de ce que M. Paulhan appelle, avec majuscule, l'Épuration. Du point de vue de ceux qui peuvent encore souffrir injustement, à quoi bon aujourd'hui en contester ou en défendre le principe? L'*amnistie* doit y mettre fin. Plutôt que de poursuivre — en marge d'une *Lettre* de l'intention de laquelle son auteur peut seul répondre — un dialogue pointilleux qui me paraît vain, je pense être d'accord avec M. Paulhan en demandant que cette amnistie soit aussi sereine et pacifiante que le 'fait du prince'.

Jean Chauveau

ANNEXE I

'L'adresse à Messieurs les Présidents des cours
de justice' de Servus Juris (Michel Brille)

1948

Messieurs les Présidents des cours de justice,

En vous adressant cette lettre publique, j'entends dénoncer un crime contre le Droit français, un crime que vous commettez sciemment depuis quatre années.

Tous les jours, des citoyens français sont condamnés à la mort, au bagne, à la prison, à la dégradation civique, à la confiscation de leurs biens, en application des articles 75 et suivants du code pénal.

Vous ne lisez pas seulement, messieurs les Présidents, comme tous les Français, les journaux quotidiens, vous lisez aussi les revues consacrées à l'Histoire et surtout celles traitant de questions juridiques.

Vous devez donc savoir, vous savez certainement, que des doutes et même de nombreuses protestations commencent à s'exprimer dans ces publications, sur le bien-fondé des raisons invoquées pour justifier cette épuration sans mesure et sans précédent dans nos annales judiciaires.

Et cependant vous continuez à présider les cours de justice; vous acceptez de vous asseoir au milieu de jurés dont vous connaissez la passion partisane. Avez-vous oublié que la sérénité, l'objectivité et l'impartialité doivent seules commander leur conscience?

Vous n'avez pas à vous plier aux exigences d'une opinion publique qu'il est facile de diriger, dans un pays où la presse et la radio sont précisément entre les mains de ceux qui ont voulu cette épuration.

Vous n'êtes pas, messieurs les Présidents, aux ordres de cette opinion publique, changeante et versatile.

Vous avez, vous-mêmes, choisi de n'être que les serviteurs du Droit, ainsi que des principes généraux et traditionnels qui en constituent le fondement immuable.

Vous êtes donc sans excuses, car l'amour même de la Patrie ne peut justifier la violation du Droit.

Il m'est pénible d'écrire ces mots, mais je n'en ai pas trouvé d'autres qui expriment exactement ma pensée.

Les voici donc dans leur crudité; ils sont les seuls pertinents, pour employer le langage judiciaire, peu élégant peut-être, mais nécessaire puisque la vie et l'honneur des citoyens peuvent dépendre de l'interprétation d'un mot ou d'une expression.

Messieurs les Présidents des cours de justice, vous seuls portez la responsabilité de l'épuration judiciaire qui divise si profondément notre pays depuis quatre années; vous seuls êtes responsables des crimes, j'écris bien des crimes, commis par ces tribunaux d'exception.

On accuse volontiers les jurés d'être partiaux ou féroces, communistes ou partisans. Permettez-moi de le dire bien haut, ces jurés n'ont aucune responsabilité dans les condamnations prononcées. Ils ont été conviés à siéger dans ces tribunaux d'exception, non pas pour juger, encore moins pour 'dire le droit', qu'ils ignorent pour la plupart d'entre eux, mais uniquement pour prononcer des condamnations, soit par vengeance soit par obéissance aux ordres d'un parti politique.

Je sais que dans des conversations avec ceux de vos collègues qui n'ont pas accepté, comme vous, la présidence des cours de justice, je sais que vous rejetez sur les jurés la responsabilité entière des verdicts que vous lisez à la fin de chaque audience.

Vos collègues ne vous croient plus; ceux qui refusèrent, dès le début de l'épuration, la présidence de ces cours d'exception, avaient fort bien compris qu'une vilaine besogne allait s'y accomplir sous le nom usurpé du Droit.

De plus en plus nombreux sont aujourd'hui les magistrats qui pensent ainsi. Bientôt ils oseront vous le dire, lorsque la crainte des représailles n'empêchera plus la pensée de s'exprimer librement.

Il vous est arrivé souvent de dire à certains accusés qu'ils auraient dû refuser d'exécuter un ordre quand cet ordre leur commandait des actes contraires à leur conscience ou à l'honneur.

Pourquoi n'avez-vous pas, vous-mêmes, respecté cette règle d'or?

Qui vous a obligés à présider un jury comprenant le plus souvent des hommes décidés à se rendre complices d'un assassinat?

Vous trouvez le mot trop fort? Trop violent? Injuste? Inexact?

Il ne l'est pas, c'est le mot propre.

Qu'est-ce qu'un assassin, sinon celui dont:

> . . .*la préméditation consiste dans le dessein formé*, avant l'action, *d'attenter à la personne d'un individu, même déterminé*. . .

Vous connaissez ce texte, messieurs les Présidents, il est écrit en toutes lettres dans le livre, toujours ouvert devant vous, quand vous présidez une audience.

Combien de fois l'avez-vous lu, cet article 297 du code pénal, durant votre carrière?

Pouvez-vous affirmer, 'en votre âme et conscience', que jamais un juré n'est venu à l'audience avec 'le dessein formé avant l'ouverture des débats', de prononcer une peine de mort contre un accusé?

Il est certain que, si aucun magistrat du siège n'avait accepté de revêtir sa robe rouge pour s'associer à cette œuvre criminelle, il est certain que l'épuration aurait cessé depuis longtemps. C'est votre présence et votre présence SEULE, qui a empêché la révolte des consciences de se manifester avec éclat.

Les Français, respectueux du Droit, par tradition, n'auraient certainement pas supporté durant quatre années l'existence et le fonctionnement de tribunaux uniquement composés de révolutionnaires ou de partisans.

C'est votre pavillon, je veux dire votre robe, qui a couvert cette sinistre marchandise en la parant du vêtement de la légalité.

Si les feux des pelotons continuent à retenir, si les bagnes reçoivent tous les jours de nombreux Français, si des familles sont plongées dans le désespoir, c'est votre action, c'est votre présence seule qui en est la cause.

Vous savez bien que tels de vos collègues, magistrats comme vous, n'ont jamais eu, durant les années d'occupation, la 'formelle intention' de trahir, et pourtant vous les avez, eux aussi, envoyés au bagne. . .

L'erreur est humaine, nous le savons; mais j'espère que cette lettre vous évitera d'y persévérer, ce qui serait diabolique.

Dans cet espoir, permettez-moi de vous exprimer les sentiments de profond respect que j'éprouve pour la grande famille que représente la magistrature française et dont vous n'êtes certainement que quelques parents momentanément égarés.

SERVUS JURIS

ANNEXE II

(a) Pétition aux deux chambres (1816)

Messieurs,

Je suis Tourangeau, j'habite Luynes, sur la rive droite de la Loire, lieu autrefois considérable, que la révocation de l'Édit de Nantes a réduit à mille habitants, et que l'on va réduire à rien par de nouvelles persécutions, si votre prudence n'y met ordre.

J'imagine bien que la plupart d'entre vous, Messieurs, ne savent guère ce qui s'est passé à Luynes depuis quelques mois. Les nouvelles de ce pays font peu de bruit en France, et à Paris surtout. Ainsi je dois, pour la clarté du récit que j'ai à faire, prendre les choses d'un peu haut.

Il y a eu un an environ à la Saint-Martin qu'on commença chez nous à parler de bons sujets et de mauvais sujets. Ce qu'on entendait par là, je ne le sais pas bien; et si je le savais, peut-être ne le dirais-je pas, de peur de me brouiller avec trop de gens. En ce temps, François Fouquet, allant au grand moulin, rencontra le curé qui conduisait un mort au cimetière de Luynes. Le passage était étroit; le curé, voyant venir Fouquet sur son cheval, lui crie de s'arrêter; il ne s'arrête point; d'ôter son chapeau, il le garde; il passe; il trotte; il éclabousse le curé en surplis. Ce ne fut pas tout; aucuns disent, et je n'ai pas peine à le croire, qu'en passant il jura, et dit qu'il se moquait (vous m'entendez assez) du curé et de son mort. Voilà le fait, Messieurs; je n'y ajoute ni n'en ôte; je ne prends point, Dieu m'en garde! le parti de Fouquet, ni ne cherche à diminuer ses torts. Il fit mal; je le blâme, et le blâmai dès lors. Or écoutez ce qui en advint.

Trois jours après, quatre gendarmes entrent chez Fouquet, le saisissent, l'emmènent aux prisons de Langeais, lié, garotté, pieds nus, les menottes aux mains, et, pour surcroît d'ignominie, entre deux voleurs de grand chemin. Tous trois on les jeta dans le même cachot. Fouquet y fut deux mois; pendant ce temps sa famille n'eut, pour subsister, d'autre ressource que la compassion des bonnes gens qui, dans notre pays, heureusement ne sont pas rares. Il y a chez nous plus de charité que de dévotion. Fouquet donc étant en prison, ses enfants ne moururent pas de faim; en cela il fut plus heureux que d'autres.

On arrêta vers le même temps, et pour une cause aussi grave,

Georges Mauclair, qui fut détenu cinq à six semaines. Celui-là avait mal parlé, disait-on, du gouvernement. Dans le fait, la chose est possible; peu de gens chez nous savent ce que c'est que le gouvernement; nos connaissances sur ce point sont assez bornées; ce n'est pas le sujet ordinaire de nos méditations; et si Georges Mauclair en a voulu parler, je ne m'étonne pas qu'il en ait mal parlé; mais je m'étonne qu'on l'ait mis en prison pour cela. C'est être un peu sévère, ce me semble. J'approuve bien plus l'indulgence qu'on a eue pour un autre, connu de tout le monde à Luynes, qui dit en plein marché, au sortir de la messe, hautement, publiquement, qu'il gardait son vin pour le vendre au retour de Bonaparte, ajoutant qu'il n'attendrait guère, et d'autres sottises pareilles. Vous jugerez là-dessus, Messieurs, qu'il ne vendait ni ne gardait son vin, mais qu'il le buvait. Ce fut mon opinion dans le temps. On ne pouvait plus mal parler. Mauclair n'en avait pas tant dit pour être emprisonné; celui-là cependant, on l'a laissé en repos; pourquoi? c'est qu'il est bon sujet; et l'autre? il est mauvais sujet; il a déplu à ceux qui font marcher les gendarmes: voilà le point, Messieurs. Chateaubriand a dit dans le livre défendu que tout le monde lit: *Vous avez deux poids et deux mesures; pour le même fait, l'un est condamné, l'autre absous.* Il entendait parler, je crois, de ce qui se passe à Paris; mais à Luynes, Messieurs, c'est toute la même chose. Êtes-vous bien avec tels ou tels? bon sujet, on vous laisse vivre. Avez-vous soutenu quelque procès contre un tel, manqué à le saluer, querellé sa servante, ou jeté une pierre à son chien? vous êtes mauvais sujet, partant séditieux; on vous applique la loi, et quelquefois on vous l'applique un peu rudement, comme on fit dernièrement à dix de nos plus paisibles habitants, gens craignant Dieu et monsieur le maire, pères de famille la plupart, vignerons, laboureurs, artisans, de qui nul n'avait à se plaindre, bons voisins, amis officieux, serviables à tous, sans reproche dans leur état, dans leurs mœurs, leur conduite; mais mauvais sujets. C'est une histoire singulière, qui a fait et fera longtemps grand bruit au pays; car nous autres, gens de village, nous ne sommes pas accoutumés à ces coups d'État. L'affaire de Mauclair, et de l'autre mis en prison pour n'avoir pas ôté son chapeau, en passant, au curé, au mort, n'importe; tout cela n'est rien au prix.

Ce fut le jour de la mi-carême, le 25 mars, à une heure du matin; tout dormait; quarante gendarmes entrent dans la ville; là, de l'auberge où ils étaient descendus d'abord, ayant fait leurs dispositions, pris toutes leurs mesures et les indications dont ils avaient besoin, dès la première aube du jour, ils se répandent dans les maisons. Luynes, Messieurs, est, en grandeur, la moitié du Palais-Royal. L'épouvante fut bientôt partout. Chacun fuit ou se cache; quelques-uns, surpris au lit, sont arrachés des bras de leurs femmes ou de leurs enfants; mais la plupart, nus, dans les rues, ou fuyant dans la campagne, tombent aux mains de ceux qui les attendaient dehors. Après une longue scène de tumulte et de cris, dix personnes demeurent arrêtées: c'était tout ce qu'on avait pu prendre. On les emmène; leurs parents, leurs enfants les auraient suivis, si l'autorité l'eût permis.

L'autorité, Messieurs, voilà le grand mot en France. Ailleurs, on dit la loi, ici l'autorité. Oh! que le père Canaye serait content de nous, s'il pouvait revivre un moment! il trouverait partout écrit: *Point de raison; l'autorité.* Il est vrai que cette autorité n'est pas celle des Conciles, ni des Pères de l'Église, moins encore des jurisconsultes; mais c'est celle des gendarmes, qui en vaut bien une autre.

On enleva donc ces malheureux sans leur dire de quoi ils étaient accusés, ni le sort qui les attendait, et on défendit à leurs proches de les conduire, de les soutenir jusqu'aux portes des prisons. On repoussa des enfants qui demandaient encore un regard de leur père, et voulaient savoir en quel lieu il allait être enseveli. Des dix arrêtés cette fois, il n'y en avait point qui ne laissât une famille à l'abandon. Brulon et sa femme, tous deux dans les cachots six mois entiers; leurs enfants, autant de temps, sont demeurés orphelins. Pierre Aubert, veuf, avait un garçon et une fille; celle-ci de onze ans, l'autre plus jeune encore, mais dont, à cet âge, la douceur et l'intelligence intéressaient déjà tout le monde. A cela se joignait alors la pitié qu'inspirait leur malheur, chacun de son mieux les secourut. Rien ne leur eût manqué, si les soins paternels se pouvaient remplacer; mais la petite bientôt tomba dans une mélancolie dont on ne la put distraire. Cette nuit, ces gendarmes, et son père enchaîné, ne s'effaçaient point de sa mémoire. L'impression de terreur qu'elle avait conservée d'un si affreux réveil ne lui laissa jamais reprendre la gaieté ni les jeux de son âge; elle n'a fait que languir depuis, et se consumer peu à peu. Refusant toute nourriture, sans cesse elle appelait son père. On crut, en le lui faisant voir, adoucir son chagrin, et peut-être la rappeler à la vie; elle obtint, mais trop tard, l'entrée de la prison. Il l'a vue, il l'a embrassée, il se flatte de l'embrasser encore; il ne sait pas tout son malheur, que frémissent de lui apprendre les gardiens mêmes de ces lieux. Au fond de ces terribles demeures, il vit de l'espérance d'être enfin quelque jour rendu à la lumière et de retrouver sa fille; depuis quinze jours elle est morte.

Justice, équité, providence! vains mots dont on nous abuse! Quelque part que je tourne les yeux, je ne vois que le crime triomphant, et l'innocence opprimée. Je sais tel qui, à force de trahisons, de parjures et de sottises tout ensemble, n'a pu consommer sa ruine; une famille qui laboure le champ de ses pères est plongée dans les cachots et disparaît pour toujours. Détournons nos regards de ces tristes exemples, qui feraient renoncer au bien et douter même de la vertu.

Tous ces pauvres gens, arrêtés comme je viens de vous raconter, furent conduits à Tours, et, là, mis en prison. Au bout de quelques jours, on leur apprit qu'ils étaient bonapartistes; mais on ne voulut pas les condamner sur cela, ni même leur faire leur procès. On les renvoya ailleurs, avec grande raison; car il est bon de vous dire, Messieurs, qu'entre ceux qui les accusaient et ceux qui devaient les juger comme bonapartistes, ils se trouvaient les seuls peut-être qui n'eussent point juré fidélité à Bonaparte, point recherché sa faveur, ni protesté de leur dévouement à sa personne sacrée. Le magistrat qui les poursuit avec tant de rigueur aujourd'hui, sous prétexte de bonapartisme, traitait de même leurs enfants il y a peu d'années, mais pour un tout autre motif, pour avoir refusé de servir Bonaparte. Il faisait, par les mêmes suppôts, saisir le conscrit réfractaire, et conduire aux galères l'enfant qui préférait son père à Bonaparte. Que dis-je! au défaut de l'enfant, il saisissait le père même, faisait vendre le champ, les bœufs et la charrue du malheureux dont le fils avait manqué deux fois à l'appel de Bonaparte. Voilà les gens qui nous accusent de bonapartisme. Pour moi, je n'accuse ni ne dénonce, car je ne veux nul emploi, et n'ai de haine pour qui que ce soit; mais je soutiens qu'en aucun cas on ne peut avoir de raison d'arrêter à Luynes dix personnes, ou à Paris cent mille; car c'est la même chose. Il n'y saurait avoir à Luynes dix voleurs reconnus parmi les habitants, dix assassins domiciliés; cela est si clair, qu'il me semble aussitôt prouvé que dit. Ce sont donc dix ennemis du roi qu'on prive de leur liberté, dix hommes dangereux à l'État Oui, Messieurs, à cent lieues de Paris, dans un bourg écarté, ignoré, qui n'est pas même lieu de passage, où l'on n'arrive que par des chemins impraticables, il y a là dix conspirateurs, dix ennemis de l'État et du roi, dix hommes dont il faut s'assurer, avec précaution toutefois. Le secret est l'âme de toute opération militaire. A minuit on monte à cheval; on part; on arrive sans bruit aux portes de Luynes; point de sentinelles à égorger, point de postes à surprendre; on entre, et, au moyen de mesures si bien prises, on parvient à saisir une femme, un barbier, un sabotier, quatre ou cinq laboureurs ou vignerons, et la monarchie est sauvée.

Le dirai-je? les vrais séditieux sont ceux qui en trouvent partout; ceux qui, armés du pouvoir, voient toujours dans leurs ennemis les ennemis du roi, et tâchent de les rendre tels à force de vexations; ceux enfin qui trouvent dans Luynes dix hommes à arrêter, dix familles à désoler, à ruiner de par le roi; voilà les ennemis du roi. Les faits parlent, Messieurs. Les auteurs de ces violences ont assurément des motifs autres que l'intérêt public. Je n'entre point dans cet examen; j'ai voulu seulement vous faire connaître nos maux, et par vous, s'il se peut, en obtenir la fin. Mais je ne vous ai pas encore tout dit, Messieurs.

Nos dix détenus, soupçonnés d'avoir mal parlé, le tribunal de Tours déclarant qu'il n'était pas juge des paroles, furent transférés à Orléans. Pendant qu'on les traînait de prison en prison, d'autres scènes se passaient à Luynes. Une nuit, on met le feu à la maison du maire. Il s'en fallut peu que cette famille, respectable à beaucoup d'égards, ne pérît dans les flammes. Toutefois les secours arrivèrent à temps. Là-dessus gendarmes de marcher: on arrête, on emmène, on emprisonne tous ceux qui pouvaient paraître coupables. La justice cette fois semblait du côté du maire; il soupçonnait tout le monde, peut-être avec raison. Je ne vous fatiguerai point, Messieurs, des détails de ce procès que je ne connais pas bien, et qui dure encore. J'ajouterai seulement que, des dix premiers arrêtés, on en condamna deux à la déportation (car il ne fallait pas que l'autorité eût tort); deux sont en prison; six, renvoyés sans jugement, revinrent au pays, ruinés pour la plupart, infirmes, hors d'état de reprendre leurs travaux. Ceux-là, il est permis de croire qu'ils n'avaient pas même mal parlé. Dieu veuille qu'ils ne trouvent jamais l'occasion d'agir!

Mais vous allez croire Luynes un repaire de brigands, de malfaiteurs incorrigibles, un foyer de révolte, de complots contre l'État. Il vous semblera que ce bourg, bloqué en pleine paix, surpris par les gendarmes à la faveur de la nuit, dont on emmène dix prisonniers, et où de pareilles expéditions se renouvellent souvent, ne saurait être peuplé que d'une engeance ennemie de toute société. Pour en pouvoir juger, Messieurs, il vous faut remarquer d'abord que la Touraine est, de toutes les provinces du royaume, non seulement la plus paisible, mais la seule peut-être paisible depuis vingt-cinq ans. En effet, où trouverez-vous, je ne dis pas en France, mais dans l'Europe entière, un coin de terre habitée, où il n'y ait eu, durant cette période, ni guerre, ni proscriptions, ni troubles d'aucune espèce? C'est ce qu'on peut dire de la Touraine qui, exempte à la fois des discordes civiles et des invasions étrangères, sembla réservée par le ciel pour être, dans ces temps d'orage, l'unique asile de la paix. Nous avons connu par ouï-dire les désastres de Lyon, les horreurs de la Vendée, et les hécatombes humaines du grand prêtre de la raison, et les massacres calculés de ce génie qui inventa la grande guerre et la haute police; mais alors, de tant de fléaux, nous ne ressentions que le bruit, calmes au milieu des tourmentes, comme ces oasis entourées des sables mouvants du désert.

Que si vous remontez à des temps plus anciens, après les funestes revers de Poitiers et d'Azincourt, quand le royaume était en proie aux armées ennemies, la Touraine, intacte, vierge, préservée de toute violence, fut le refuge de nos rois.

Ces troubles, qui, s'étendant partout comme un incendie, couvrirent la France de ruines, durant la prison du roi Jean, s'arrêtèrent aux campagnes qu'arrosent le Cher et la Loire. Car tel est l'avantage de notre position; éloignés des frontières et de la capitale, nous sentons les derniers les mouvements populaires et les secousses de la guerre. Jamais les femmes de Tours n'ont vu la fumée d'un camp.

Or, dans cette province, de tout temps si heureuse, si pacifique, si calme, il n'y a point de canton plus paisible que Luynes. Là, on ne sait ce que c'est que vols, meurtres, violences; et les plus anciens de ce pays, où l'on vit longtemps, n'y avaient vu ni prévôts ni archers, avant ceux qui vinrent, l'an passé, pour apprendre à vivre à Fouquet. Là, on ignore jusqu'aux noms de factions et de partis; on cultive ses champs; on ne se mêle d'autre chose. Les haines qu'a semées partout la révolution n'ont point germé chez nous, où la révolution n'avait fait ni victimes, ni fortunes nouvelles. Nous pratiquons surtout le précepte divin d'obéir aux puissances; mais, avertis tard des changements, de peur de ne pas crier à propos: Vive le Roi! vive la Ligue! nous ne crions rien du tout; et cette politique nous avait réussi, jusqu'au jour où Fouquet passa devant le mort sans ôter son chapeau. A présent même, je m'étonne qu'on ait pris ce prétexte de cris séditieux pour nous persécuter: tout autre eût été plus plausible; et je trouve qu'on eût aussi bien fait de nous brûler comme entachés de l'hérésie de nos ancêtres, que de nous déporter ou nous emprisonner comme séditieux.

Toutefois vous voyez que Luynes n'est point, Messieurs, comme vous l'auriez pu croire, un centre de rébellion, un de ces repaires qu'on livre à la vengeance publique, mais le lieu le plus tranquille de la plus soumise province qui soit dans tout le royaume. Il était tel du moins, avant qu'on y eût allumé, par de criantes iniquités, des ressentiments et des haines qui ne s'éteindront de longtemps. Car, je dois vous le dire, Messieurs, ce pays n'est plus ce qu'il était; s'il fut calme pendant des siècles, il ne l'est plus maintenant. La terreur à présent y règne et ne cessera que pour faire place à la vengeance. Le feu mis à la maison du maire, il y a quelques mois, vous prouve à quel degré la rage était alors montée; elle est augmentée depuis, et cela chez des gens qui, jusqu'à ce moment, n'avaient montré que douceur, patience, soumission à tout régime supportable. L'injustice les a révoltés. Réduits au désespoir par ces magistrats mêmes, leurs naturels appuis, opprimés au nom des lois qui doivent les protéger, ils ne connaissent plus de frein, parce que ceux qui les gouvernent n'ont point connu de mesure. Si le devoir des législateurs est de prévenir les crimes, hâtez-vous, Messieurs, de mettre un terme à ces dissensions. Il faut que votre sagesse et la bonté du roi rendent à ce malheureux pays le calme qu'il a perdu.

Paris, le 10 décembre 1816

(b) Lettres à Messieurs de l'Académie des inscriptions et belles-lettres (1819)

Messieurs,

C'est avec grand chagrin, avec une douleur extrême que je me vois exclu de votre Académie, puisque enfin vous ne voulez point de moi. Je ne m'en plains pas toutefois. Vous pouvez avoir, pour cela, d'aussi bonnes raisons que pour refuser Coraï et d'autres qui me valent bien. En me mettant avec eux, vous ne me faites nul tort; mais d'un autre côté, on se moque de moi. Un auteur du journal, heureusement peu lu, imprime: 'Monsieur Courier s'est présenté, se présente et se présentera aux élections de l'Académie des Inscriptions et Belles-Lettres, qui le rejette unanimement. Il faut, pour être admis dans cet illustre corps, autre chose que du grec. On vient d'y recevoir le vicomte Prevost d'Irai, gentilhomme de la chambre, le sieur Jomard, le chevalier Dureau de La Malle, gens qui, à dire vrai, ne savent point de grec, mais dont les principes sont connus.'

Voilà les plaisanteries qu'il me faut essuyer. Je saurais bien que répondre; mais ce qui me fâche le plus, c'est que je vois s'accomplir cette prédiction que me fit autrefois mon père: *Tu ne seras jamais rien.* Jusqu'à présent je doutais (comme il y a toujours quelque chose d'obscur dans les oracles), je pensais qu'il pouvait avoir dit: *Tu ne feras jamais rien*; ce qui m'accommodait assez, et me semblait même d'un bon augure pour mon avancement dans le monde; car en ne faisant rien, je pouvais parvenir à tout, et singulièrement à être de l'Académie; je m'abusais. Le bonhomme sans doute avait dit, et rarement il se trompa: *Tu ne seras jamais rien,* c'est-à-dire, tu ne seras ni gendarme, ni rat-de-cave, ni espion, ni duc, ni laquais, ni académicien. Tu seras Paul-Louis pour tout potage, *id est, rien.* Terrible mot.

C'est folie de lutter contre sa destinée. Il y avait trois places vacantes à l'Académie, quand je me présentai pour décrasser, n'aille du roi à l'usurpateur et de l'usurpateur au roi, ou qui, faute de mieux, ne mette du moins un *de* à son nom, avec grande raison vraiment. Car voyez ce que c'est et la différence qu'on fait du gentilhomme au roturier, dans le pays même de l'égalité, dans la république des lettres. Chardon de la Rochette (vous l'avez tous connu), paysan comme moi, malgré ce nom pompeux, n'ayant que du savoir, de la probité, des mœurs, enfin un homme de bien, abîmé dans l'étude, dépense son patrimoine en livres, en voyages, visite les monuments de la Grèce et de Rome, les bibliothèques, les savants, et devenu lui-même un des hommes les plus savants de l'Europe, connu pour tel par ses ouvrages, se présente à l'Académie, qui tout d'une voix le refuse. Non, c'est mal dire; on ne fit nulle attention à lui, on ne l'écouta pas. Il en mourut, grande sottise. Le vicomte Prevost passe sa vie dans ses terres, *où foulant le parfum de ses plantes fleuries*, il compose un couplet, *afin d'entretenir ses douces rêveries*. L'Académie, qui apprend cela (non pas l'Académie française, où deux vers se comptent pour un ouvrage, mais la vôtre, Messieurs, l'Académie en *us*, celle des Barthélemi, des Dacier, des Saumaise), offre timidement à M. le vicomte une place dans son sein; il fait signe qu'il acceptera, et le voilà nommé tout d'une voix. Rien n'est plus simple que cela: un gentilhomme de nom et d'armes, un homme comme M. le vicomte, est militaire sans faire la guerre, de l'Académie sans savoir lire. *La coutume de France ne veut pas*, dit Molière, *qu'un gentilhomme sache rien faire*, et la même coutume veut que toute place lui soit dévolue, même celle de l'Académie.

Napoléon, génie, dieu tutélaire des races antiques et nouvelles, restaurateur des titres, sauveur des parchemins; sans toi la France perdait l'étiquette et le blason, sans toi. . . Oui, Messieurs, ce grand homme aimait comme vous la noblesse, prenait des gentilshommes pour en faire ses soldats, ou bien de ses soldats faisait des gentilshommes. Sans lui, les vicomtes que seraient-ils? pas même académiciens.

Vous voyez bien, Messieurs, que je ne vous en veux point. Je cause avec vous; et de fait, si j'avais à me plaindre, ce serait de moi, non pas de vous. Qui diantre me poussait à vouloir être de l'Académie, et qu'avais-je besoin d'une patente d'érudit, moi, qui, *sachant du grec autant qu'homme de France*, étais connu et célébré par tous les doctes de l'Allemagne, sous les noms de *Corerius, Courierus, Hemerodromus, Cursor*, avec les épithètes de *vir ingeniosus, vir acutissimus, vir prœstantissimus* c'est-à-dire *homme d'érudition, homme de capacité, comme le docteur Pancrace*. J'avais étudié pour savoir, et j'y étais parvenu, au jugement des experts. Que me fallait-il davantage? Quelle bizarre fantaisie à moi, qui m'étais moqué quarante ans des coteries littéraires, et vivais en repos loin de toute cabale, de m'aller jeter au milieu de ces méprisables intrigues?

A vous parler franchement, Messieurs, c'est là le point embarrassant de mon apologie; c'est là *l'endroit que je sens faible et que je me voudrais cacher.* De raisons, je n'en ai point pour plâtrer cette sottise, ni même d'excuse valable. Alléguer des exemples, ce n'est pas se laver, c'est montrer les taches des autres. Assez de gens, pourrais-je dire, plus sages que moi, plus habiles, plus philosophes (Messieurs, ne vous effrayez pas), ont fait la même faute et bronché en même chemin aussi lourdement. Que prouve cela? quel avantage en puis-je tirer, sinon de donner à penser que par là seulement je leur ressemble! Mais, pourtant, Coraï, Messieurs. . . parmi ceux qui ont pris pour objet de leur étude les monuments écrits de l'antiquité grecque, Coraï tient le premier rang, nul ne s'est rendu plus célèbre; ses ouvrages nombreux, sans être exempts de fautes, font l'admiration de tous ceux qui sont capables d'en juger; Coraï, heureux et tranquille à la tête des hellénistes, patriarche, en un mot, de la Grèce savante, et partout révéré de tout ce qui sait lire *alpha* et *oméga*; Coraï une fois a voulu être de l'Académie. Ne me dites point, mon cher maître, ce que je sais comme tout le monde, que vous l'avez bien peu voulu, et que jamais cette pensée ne vous fût venue sans les instances de quelques amis moins zélés pour vous, peut-être, que pour l'Académie, et qui croyaient de son honneur que votre nom parût sur la liste, que vous cédâtes avec peine, et ne fûtes prompt qu'à vous retirer. Tout cela est vrai et vous est commun avec moi, aussi bien que le succès. Vous avez voulu comme moi, votre indigne disciple, être de l'Académie. C'était sans contredit *aspirer à descendre.* Il vous en a pris comme à moi. C'est-à-dire qu'on se moque de nous deux. Et plus que moi, vous avez pour faire cette demande, écrit à l'Académie qui a votre lettre, et la garde. Rendez-la lui, Messieurs, de grâce, ou ne la montrez pas du moins. Une coquette montre les billets de l'amant rebuté, mais elle ne va pas se prostituer à Jomard.

Jomard à la place de Visconti! M. Prevost d'Irai succédant à Clavier! voilà de furieux arguments, contre le progrès des lumières, et les frères ignorantins, s'ils ne vous ont eux-mêmes dicté ces nominations, vous en doivent savoir bon gré.

Jomard dans le fauteuil de Visconti! je crois bien qu'à présent, Messieurs, vous y êtes accoutumés; on se fait à tout, et les plus bizarres contrastes, avec le temps, cessent d'amuser. Mais avouez que la première fois cette bouffonnerie vous a réjouis. Ce fut une chose à voir, je m'imagine, que sa réception. Il n'y eût rien manqué de celle de Diafoirus, si le récipiendaire eût su autant de latin. Maintenant, essayez (*nature se plaît en diversité*) de mettre à la place d'un âne un savant, un helléniste. A la première vacance, peut-être, vous en auriez le passe-temps, nommez un de ceux que vous avez refusés jusqu'à présent.

Mais ce M. Jomard, dessinateur, graveur, ou quelque chose d'approchant, que je ne connais point d'ailleurs, et que peu de gens, je crois, connaissent, pour se placer ainsi entre deux gentilshommes, le chevalier et le vicomte, quel homme est-ce donc, je vous prie? Est-ce un gentilhomme qui déroge en faisant quelque chose, ou bien un artiste anobli comme le marquis de Canova? ou serait-ce seulement un vilain qui pense bien? les vilains bien pensants fréquentent la noblesse, ils ne parlent jamais de leur père, mais on leur en parle souvent.

M. Jomard, toutefois, sait quelque chose; il sait graver, diriger au moins des graveurs, et les planches d'un livre font foi qu'il est bon prote en taille-douce. Mais le vicomte, que sait-il? sa généalogie; et quels titres a-t-il? des titres de noblesse pour remplacer Clavier dans une Académie! Chose admirable que parmi quarante que vous étiez, Messieurs, savants ou censés tels, assemblés pour nommer à une place de savant, d'érudit, d'helléniste, pas un ne s'avise de proposer un helléniste, un érudit, un savant; pas un seul ne songe à Coraï, nul ne pense à Thurot, à M. Haase, à moi, qui en valais un autre pour votre Académie; tous d'un commun accord, *parmi tant de héros, vont choisir Childebrand,* tous veulent le vicomte. Les compagnies, en général, on le sait, ne rougissent point, et les académies!. . . ah! Messieurs, s'il y avait une académie de danse, et que les grands en voulussent être, nous verrions quelque jour, à la place de Vestris, M. de Talleyrand, que l'Académie en corps complimenterait, louerait, et, dès le lendemain, rayerait de sa liste pour peu qu'il parût se brouiller avec les puissances.

Vous faites de ces choses-là. M. Prevost d'Irai n'est pas si grand seigneur, mais il est propre à vos études comme l'autre à danser la gavotte. Et que de Childebrands, bons dieux! choisis par vous et proclamés unanimement, à l'exclusion de toute espèce d'instruction: Prevost d'Irai, Jomard, Dureau de La Malle, Saint-Martin, non pas tous gentilshommes. Aux vicomtes, aux chevaliers vous mêlez de la roture. L'égalité académique n'en souffre point, pourvu que l'un ne soit pas plus savant que l'autre, et la noblesse n'est pas *de rigueur* pour entrer à l'Académie; l'ignorance, bien prouvée, suffit.

Cela est naturel, quoi qu'on en puisse dire. Dans une compagnie de gens faisant profession d'esprit ou de savoir, nul ne veut près de soi un plus habile que soi, mais bien un plus noble, un plus riche; et généralement, dans les corps à talent, nulle distinction ne fait ombrage, si ce n'est celle du talent. Un duc et pair honore l'Académie française qui ne veut point de Boileau, refuse La Bruyère, fait attendre Voltaire, mais reçoit tout d'abord Chapelain et Conrart. De même nous voyons à l'Académie grecque le vicomte invité, Coraï repoussé, lorsque Jomard y entre comme dans un moulin.

Mais ce qu'il y a de plus merveilleux, c'est cette prudence de l'Académie, qui, après la mort de Clavier et celle de Visconti arrivée presque en même temps, songe à réparer de telles pertes, et d'abord, afin de mieux choisir, diffère ses élections, prend du temps, remet le tout à six mois, précaution remarquable et infiniment sage. Ce n'était pas une chose à faire sans réflexion, que de nommer des successeurs à deux hommes aussi savants, aussi célèbres que ceux-là. Il y fallait regarder, élire entre les doctes, sans faire tort aux autres, les deux plus doctes; il fallait contenter le public, montrer aux étrangers que tout savoir n'est pas mort chez nous avec Clavier et Visconti, mais que le goût des arts antiques, l'étude de l'histoire et des langues, des monuments de l'esprit humain, vivent en France comme en Allemagne et en Angleterre. Tout cela demandait qu'on y pensât mûrement. Vous y pensâtes six mois, Messieurs, et au bout de six mois, ayant suffisamment considéré, pesé le mérite, les droits de chacun des prétendants, à la fin vous nommez... Si je le redisais, nulle gravité n'y tiendrait, et je n'écris pas pour faire rire. Vous savez bien qui vous nommâtes à la place de Visconti. Ce ne fut ni Coraï ni moi, ni aucun de ceux qu'on connaît pour avoir cultivé quelque genre de littérature. Ce fut un noble, un vicomte, un gentilhomme de la chambre. Celui-là pourra dire qui l'emporte en bassesse de la cour ou de l'Académie, étant de l'une et de l'autre, question curieuse qui a paru, dans ces derniers temps, décidée en votre faveur, Messieurs, quand vous ne faisiez réellement que maintenir vos privilèges et conserver les avantages acquis par vos prédécesseurs. Les Académiciens sont en possession de tout temps de remporter le prix de toute sorte de bassesses, et jamais cour ne proscrivit un abbé de Saint-Pierre, pour avoir parlé sous Louis XV un peu librement de Louis XIV, ni ne s'avisa d'examiner laquelle des vertus du roi méritait les plus fades éloges.

Enfin voilà les hellénistes exclus de cette Académie dont ils ont fait toute la gloire, et où ils tenaient le premier rang; Coraï, La Rochette, moi, Haase, Thurot, nous voilà cinq, si je compte bien, qui ne laissions guère d'espoir à d'autres que des gens de cour ou suivant la cour. Ce n'est pas là, Messieurs, ce que craignit votre fondateur, le ministère Colbert. Il n'attacha point de traitement aux places de votre Académie, *de peur*, disent les mémoires du temps, *que les courtisans n'y voulussent mettre leurs valets*. Hélas! ils font bien pis, ils s'y mettent eux-mêmes, et après eux y mettent encore leurs protégés, valets sans gages, de sorte que tout le monde sera bientôt de l'Académie, excepté les savants:

comme on conte d'un grand d'autrefois, que tous les gens de sa maison avaient des bénéfices, excepté l'aumônier.

Mais avant de proscrire le grec, y avez-vous pensé, Messieurs? Car enfin que ferez-vous sans grec? voulez-vous avec du chinois, une bible copte ou syriaque, vous passer d'Homère et de Platon? Quitterez-vous le Parthénon pour la pagode de Jagarnaut, la Vénus de Praxitèle pour les magots de Fo-hi-Can? et que deviendront vos mémoires, quand, au lieu de l'histoire des arts chez ce peuple ingénieux, ils ne présenteront plus que des incarnations de Visnou, la légende des faquirs, le rituel du laxisme, ou l'ennuyeux *bulletin* des conquérants tartares? Non, je vois votre pensée; l'érudition, les recherches sur les mœurs et les lois des peuples, l'étude des chefs-d'œuvre antiques et de cette chaîne de monuments qui remontent aux premiers âges, tout cela vous détournait du but de votre institution. Colbert fonda l'Académie des Inscriptions et Belles-Lettres *pour faire des devises aux tapisseries du roi*, et en un besoin, je m'imagine, aux bonbons de la reine. C'est là votre destination à laquelle vous voulez revenir et vous consacrer uniquement; c'est pour cela que vous renoncez au grec; pour cela, il faut l'avouer, le vicomte vaut mieux que Coraï.

D'ailleurs, à le bien prendre, Messieurs, vous ne faites point tant de tort aux savants. Les savants voudraient être seuls de l'Académie, et n'y souffrir que ceux qui entendent un peu *le latin d'A. Kempis.* Cela chagrine, inquiète d'honnêtes gens parmi vous, qui ne se piquent pas d'avoir su autrefois *leur rudiment par cœur*; que ceux-ci excluent ceux qui veulent les exclure, où est le mal, où sera l'injustice? Si on les écoutait, ils prétendraient encore à être seuls professeurs, sous prétexte qu'il faut savoir pour enseigner, proposition au moins téméraire, malsonnante, en ce qu'elle ôte au clergé l'éducation publique; et sait-on où cela s'arrêterait? Bientôt ceux qui prêchent l'Évangile seraient obligés de l'entendre. Enfin si les savants veulent être quelque chose, veulent avoir des places, qu'ils fassent comme on fait, c'est une marche réglée: les moyens pour cela sont connus et à la portée d'un chacun. Des visites, des révérences, un habit d'une certaine façon, des recommandations de quelques gens considérés. On sait, par exemple, que pour être de votre Académie, il ne faut que plaire à deux hommes, M. Sacy et M. Quatremère de Quincy, et, je crois, encore à un troisième dont le nom me reviendra; mais ordinairement le suffrage d'un des trois suffit, parce qu'ils s'accommodent entre eux. Pourvu qu'on soit ami d'un de ces trois messieurs, et cela est aisé, car ils sont bonnes gens, vous voilà dispensé de toute espèce de mérite, de science, de talents: y a-t-il rien de plus commode, et saurait-on en être quitte à meilleur marché? que serait-ce, au prix de cela, s'il fallait gagner tout le public, se faire un nom, une réputation? Puis, une fois de l'Académie, à votre aise vous pouvez marcher en suivant le même chemin, les places et les honneurs vous pleuvent. Tous vos devoirs sont renfermés dans deux préceptes d'une pratique également facile et sûre, que les moines, premiers auteurs de toute discipline réglementaire, exprimaient ainsi en leur latin: *Bene dicere de Priore, facere officium suum taliter qualiter,* le reste s'ensuit nécessairement: *Sinere mundum ire quomodo vadit.*

Oh! l'heureuse pensée qu'eut le grand Napoléon, d'enrégimenter les beaux-arts, d'organiser les sciences, comme les droits réunis; *pensée vraiment royale,* disait M. de Fontanes, de changer en appointements ce que promettent les muses, *un nom et des lauriers.* Par là, tout s'aplanit dans la littérature; par là, cette carrière autrefois si pénible est devenue facile et unie. Un jeune homme, dans les lettres, avance, fait son chemin comme dans les sels ou les tabacs. Avec de la conduite, un caractère doux, une mise décente, il est sûr de parvenir et d'avoir à son tour des places, des traitements, des pensions, des logements, pourvu qu'il n'aille pas faire autrement que tout le monde, se distinguer, étudier. Les jeunes gens quelquefois se passionnent pour l'étude; c'est la perte assurée de quiconque aspire aux emplois de la littérature; c'est la mort à tout avancement. L'étude rend paresseux: on s'enterre dans ses livres; on devient rêveur, distrait, on oublie ses devoirs, visites, assemblées, repas, cérémonies; mais ce qu'il y a de pis, l'étude rend orgueilleux; celui qui étudie s'imagine bientôt en savoir plus qu'un autre, prétend à des succès, méprise ses égaux, manque à ses supérieurs, néglige ses protecteurs, et ne fera jamais rien *dans la partie des lettres.*

Si Gail eût étudié, s'il eût appris le grec, serait-il aujourd'hui professeur de la langue grecque, académicien de l'Académie grecque, enfin *le mieux renté de tous les érudits?* Haase a fait cette sottise. Il s'est rendu savant, et le voilà capable de remplir toutes les places destinées aux savants, mais non pas de les obtenir. Bien plus avisé fut M. Raoul Rochette, ce galant défenseur de l'Église, ce jeune champion du temps passé. Il pouvait, comme un autre, apprendre en étudiant, mais bien, il vit que cela ne le menait à rien, et il aima mieux se produire que s'instruire, avoir dix emplois de savant, que d'être en état d'en remplir un qu'il n'eût pas eu s'il se fût mis dans l'esprit de le mériter, comme a fait ce pauvre Haase, homme, à mon jugement, docte mais non habile, qui s'en va pâlir sur les livres, perd son temps et son grec, ayant devant les yeux ce qui l'eût dû préserver d'une semblable faute, Gail, modèle de conduite, littérateur parfait. Gail ne sait aucune science, n'entend aucune langue:

> Mais s'il est par la brigue un rang à disputer,
> Sur le plus savant homme on le voit l'emporter.

L'emploi de garde des manuscrits, d'habiles gens le demandaient; on le donne à Gail qui ne lit pas même *la lettre moulée*. Une chaire de grec vient à vaquer, la seule qu'il y eût alors en France; on y nomme Gail, dont l'ignorance en grec est devenue proverbe; un fauteuil à l'Académie des Inscriptions et Belles-Lettres, on place Gail, qui se trouve ainsi, sans se douter seulement du grec, avoir remporté tous les prix de l'érudition grecque, réunir à lui seul toutes les récompenses avant lui partagées aux plus excellents hommes en ce genre. Haase n'oserait prétendre à rien de tout cela, parce qu'il étudie le grec, parce qu'il déchiffre, explique, imprime les manuscrits grecs, parce qu'il fait des livres pour ceux qui lisent le grec, parce qu'enfin il sait tout, hors ce qu'il faut savoir pour être savant patenté du gouvernement. Oh! que Gail l'entend bien mieux! il ne s'est jamais trompé, jamais fourvoyé de la sorte, jamais n'eut la pensée d'apprendre ce qu'il est chargé d'enseigner. Certes un homme comme Gail doit rire dans sa barbe, quand il touche cinq ou six traitements de savants, et voit les savants se morfondre.

Messieurs, voilà ce que c'est que l'esprit de conduite. Aussi, avoir donné le fouet jadis à un duc et pair, il faut en convenir, cela aide bien un homme, cela vous pousse furieusement, et comme dit le poète,

> Ce chemin aux honneurs a conduit de tout temps.

Le pédant de Charles-Quint devint pape, celui de Charles IX fut grand aumônier de France, mais tous deux savaient lire; au lieu que Gail ne sait rien, et même est connu de tout le monde pour ne rien savoir, d'autant plus admirable dans les succès qu'il a obtenus comme savant.

Vous n'ignorez pas combien sont désintéressés les éloges que je lui donne. Je n'ai nulle raison de le flatter, et suis tout à fait étranger à ce doux commerce de louanges que vous pratiquez entre vous. M. Gail ne m'est rien, ni ami, ni ennemi, ne me sera jamais rien, et ne peut de sa vie me servir ni me nuire. Ainsi *le pur amour de grec* m'engage à célébrer en lui le premier de nos hellénistes, j'entends le plus considérable par ses grades littéraires. Le public, je le sais, lui rend assez de justice; mais on ne le connaît pas encore. Moi, je le juge sans prévention, *et je vois peu de gens qui soient de son mérite*, même parmi vous, Messieurs. En Allemagne, où vous savez que tout genre d'érudition fleurit, je ne vois rien de pareil, rien même d'approchant. Là, les places académiques sont toutes données à des hommes qui ont fait preuve de savoir. Là, Coraï serait président de l'Académie des Inscriptions, Haase garde des manuscrits, quelque autre aurait la chaire de grec, et Gail. . . qu'en ferait-on? Je ne sais, tant l'industrie qui le distingue est peu prisée en ce pays-là. Ces gens, à ce qu'il paraît, grossiers, ne reconnaissent qu'un droit aux emplois littéraires, la capacité de les remplir, qui chez nous est une exclusion.

Ce que j'en dis toutefois ne se rapporte qu'à votre Académie, Messieurs, celle des Inscriptions et Belles-Lettres. Les autres peuvent avoir des maximes différentes. Et je n'ai garde d'assurer qu'à l'Académie des Sciences un candidat fût refusé, uniquement parce qu'il serait bon naturaliste ou mathématicien profond. J'entends dire qu'on y est peu sévère sur les billets de confession, et un de mes amis y fut reçu l'an passé, sans même qu'on lui demandât s'il avait fait ses Pâques, scandales qui n'ont point lieu chez vous.

Mais, Messieurs, me voilà bien loin du sujet de ma lettre. *J'oublie, en vous parlant, ce que je viens vous dire*, et le plaisir de vous entretenir me détourne de mon objet. Je voulais répondre aux méchantes plaisanteries de ce journal qui dit *que je me suis présenté, que je me présente actuellement, et qu je me présenterai* encore pour être reçu parmi vous. Dans ces trois assertions il y a une vérité, c'est que je me suis présenté, mais une fois sans plus, Messieurs. Je n'ai fait, pour être des vôtres, que quarante visites seulement, et quatre-vingts révérences, à raison de deux par visite. Ce n'est rien pour un aspirant aux emplois académiques; mais c'est beaucoup pour moi, naturellement peu souple, et neuf à cet exercice. Je n'en suis pas encore bien remis. Mais je suis guéri de l'ambition, et je vous proteste, Messieurs, que, même assuré de réussir, je ne recommencerais pas.

Quant à ce qu'il ajoute touchant les principes de ceux que vous avez élus, principes qu'il dit être connus, cette phrase, tendant à insinuer que les miens ne sont pas connus, me cause de l'inquiétude. Si jamais vous reussissez à établir en France la Sainte-Inquisition, comme on dit que vous y pensez, je ne voudrais pas que l'on pût me reprocher quelque jour d'avoir laissé sans réponse un propos de cette nature. Sur cela donc j'ai à vous dire que mes principes sont connus de ceux qui me connaissent, et j'en pourrais demeurer là. Mais, afin qu'on ne m'en parle plus, je vais les exposer en peu de mots.

Mes principes sont, *qu'entre deux points la ligne droite est la plus courte; que le tout est plus grand que sa partie; que deux quantités, égales chacune à une troisième, sont égales entre elles.*

Je tiens aussi *que deux et deux font quatre*; mais je n'en suis pas bien sûr.

Voilà mes principes, Messieurs, dans lesquels j'ai été élevé, grâce à Dieu, et dans lesquels je veux vivre et mourir. Si vous me demandez d'autres éclaircissements (car on peut dire qu'il y a différents principes en différentes matières, comme principes de grammaire; il ne s'agit pas de ceux-là; ces messieurs ne sachant, dit-on, ni grec, ni latin; principes de religion, de morale, de politique), je vous satisferai là-dessus avec la même sincérité.

Mes principes religieux sont ceux de ma nourrice, morte chrétienne et catholique, sans aucun soupçon d'hérésie. La foi du centenier, la foi du charbonnier sont passées en proverbe. Je suis soldat et bûcheron, c'est comme charbonnier. Si quelqu'un me chicane sur mon orthodoxie, j'en appelle au futur concile.

Mes principes de morale sont tous renfermés dans cette règle: Ne point faire à autrui ce que je ne voudrais pas qui me fût fait.

Quant à mes principes politiques, c'est un symbole dont les articles sont sujets à controverse. Si j'entreprenais de les déduire, je pourrais mal m'en acquitter, et vous donner lieu de me confondre avec des gens qui ne sont pas dans mes sentiments. J'aime mieux vous dire en un mot ce qui me distingue, me sépare de tous les partis, et fait de moi un homme rare dans le siècle où nous sommes; c'est que je ne veux point être roi, et que j'évite soigneusement tout ce qui pourrait me mener là.

Ces explications sont tardives et peuvent paraître superflues, puisque je renonce à l'honneur d'être admis parmi vous, Messieurs, et que sans doute vous n'avez pas plus d'envie de me recevoir que je n'en ai d'être reçu dans aucun corps littéraire. Cependant je ne suis pas fâché de désabuser quelques personnes qui auraient pu croire, sur la foi de ce journaliste, que je m'obstinais, comme tant d'autres, à vouloir vaincre vos refus par mes importunités. Il n'en est rien, je vous assure. Je reconnais ingénument que Dieu ne m'a point fait pour être de l'Académie, et que je fus mal conseillé de m'y présenter une fois.

Paris, le 20 mars 1819

EXETER TEXTES LITTÉRAIRES

La nouvelle collection *Exeter Textes Littéraires* est dirigée par David Cowling, maître de conférences dans le Département de français, Université d'Exeter.

La liste des 113 volumes de la première série (*Textes littéraires*), publiés entre 1970 et 2001, est accessible sur le site Web du Département de français de l'Université d'Exeter (www.exeter.ac.uk/french/) en suivant le lien 'Textes littéraires'.